RESEPI PANNA COTTA BUATAN RUMAH

Resipi Lazat dan Berkrim untuk Pencuci Mulut Itali Terbaik.
100 Resipi untuk Mengenyangkan Gigi Manis Anda

John Amran

Bahan Hak Cipta ©2024

Hak cipta terpelihara

Tiada bahagian buku ini boleh digunakan atau dihantar dalam apa jua bentuk atau dengan apa cara sekalipun tanpa kebenaran bertulis yang sewajarnya daripada penerbit dan pemilik hak cipta, kecuali petikan ringkas yang digunakan dalam semakan. Buku ini tidak boleh dianggap sebagai pengganti nasihat perubatan, undang-undang atau profesional lain.

Sommario
PENGENALAN 6
  1. Panna Cotta ringkas 7
FRUITY PANNA COTTA 9
  2. Vanila Strawberi panna cotta 10
  3. Lemon Panna Cotta 12
  4. Strawberi Panna Cotta 15
  5. Panna cotta buttermilk dengan jeli lemon 17
  6. Gel Berry Panna Cotta 20
  7. Raspberi Gelee Panna Cotta 24
  8. Yuzu Panna Cotta 27
  9. Sirap Oren Panna Cotta dengan 29
  10. Blackberry Honey Panna Cotta 32
  11. Panna Cotta Kelapa Dengan Buah Markisa 34
  12. Kek Panna Cotta Cranberi Roti Halia 37
  13. Delima Panna Cotta 40
  14. Kunci Limau Panna Cotta 42
  15. Oren Darah Panna Cotta 44
  16. Aprikot & Madu Panna Cotta 46
  17. Creme Fraiche Panna Cotta dengan beri hitam ... 48
  18. Kubah Panna Cotta dan Mango Mousse 50
  19. Mangga Panna Cotta 53
  20. Air Kelapa Panna Cotta dengan Safron 55
  21. Panna cotta vanila dengan sos blackberry 57
  22. Oren Panna Cotta dan Oren Jeli 59
  23. Panna cotta strawberi dengan kacang tanah karamel 62
  24. Strawberi dan kiwi panna cotta 64
  25. Buttermilk Panna Cotta dengan Sos Citrus 66
  26. Plum panna cotta 68
  27. Mango Panna Cotta dengan hiasan Gula Putar .. 70
  28. Panna cotta kelapa dengan sayu nanas 73
  29. Tricolor Panna Cotta Delight 75
  30. Mango Lassi Panna Cotta 78
  31. Santan dan Oren Panna Cotta 80
  32. Delima panna cotta 82
  33. Panna Cotta Hijau Dan Putih 84
  34. Greek Yogurt Panna Cotta dengan Kurma Puré .. 86
  35. Tembikai panna cotta 89
  36. Laici mangga panna cotta 91
  37. Kesemak panna cotta 93
  38. Kastard dan Tembikai Panna cotta 95

39. Kolak Pear dalam Jeli Dengan Panna Cotta 97

COKLAT, BUTTERSCOTCH DAN KARAMEL ..100
40. Panna cotta dengan sos karamel 101
41. Coklat Panna Cotta 104
42. Panna Cotta Coklat Tanpa Telur tanpa Krim 106
43. Ferrero Rocher Panna Cotta 108
44. Butterscotch Panna cotta dalam tart biskut 110
45. Panna Cotta Itali dengan coklat gelap Lindt 113
46. Coklat Putih Panna Cotta 115
47. Panna Cotta coklat putih dengan sos blueberry 117
48. Panna Cotta Dengan Sos Butterscotch 119

KOPI DAN TEH 122
49. Teh Susu Buih Panna Cotta 123
50. Kopi Panna Cotta dengan Kahlúa 127
51. Mocha Panna Cotta 129
52. Espresso panna cotta 131
53. Pencuci mulut panna cotta kopi Itali 133
54. Teh Panna Cotta 135

BIJIRIN PANNA COTTA 137
55. Panna cotta susu bijirin 138
56. Bijirin Panna Cotta 140
57. Nasi Panna cotta 143

PANNA COTTA CHEESY 145
58. Panna cotta mascarpone 146
59. Buttermilk Goat Cheese Panna Cotta with Figs 149
60. Tiramisu Panna Cotta 152
61. Panna cotta keju biru dengan pir 155
62. Krim Keju Panna Cotta 157

PANNA COTTA NUTTY 159
63. Panna Cotta Badam dengan Sos Mocha 160
64. Cappuccino Panna Cotta dengan Sirap Hazelnut ...163
65. Pistachio Panna Cotta 166
66. Rhubarb Panggang dan Pistachio Panna Cotta 168
67. Santan dan Kacang Panna Cotta 170

PANNA COTTA PEDAS 172
68. Buah pelaga-Kelapa Panna Cotta 173
69. Cinnamon Panna Cotta dengan Kolak Buah Pedas 176
70. Buah pelaga dan Oren Darah Panna Cotta 179
71. Jaggery dan Coconut Panna Cotta 182
72. Buah pelaga-madu Yogurt Panna cotta 184

PANNA COTTA BERHERBA 186
   73. Matcha Panna Cotta 187
   74. Biji Serai Basil Pannacotta Dengan Sos Jamun 189
   75. Basil Panna Cotta dengan Aprikot Rebus Mawar 192
   76. Pistachio dan Basil Panna Cotta 195
   77. Saffron Pistachio Panna Cotta 197

FLORAL PANNA COTTA 199
   78. Elderflower panna cotta dengan strawberi 200
   79. Lavender Panna Cotta dengan Sirap Lemon 203
   80. Butterfly Pea Infused Panna Cotta 206
   81. Panna Cotta Kelapa Vanila Dengan Sos Hibiscus Berry 208
   82. Sirap Blueberry dan Lilac Panna Cotta 211
   83. Madu Chamomile Panna Cotta 216
   84. Rose yogurt panna cotta 218
   85. Gulab Panna Cotta 220
   86. Halia Rose panna-cotta 222

BOOZY PANNA COTTA 224
   87. Panna cotta champagne dalam cawan kecil di atasnya dengan beri 225
   88. Bourbon Pear Rebus Panna Cotta 228
   89. Boozy Eggnog Panna Cotta 231
   90. Baileys Panna Cotta 233
   91. Panna Cotta Kelapa Dengan Rum Malibu 235
   92. Pina Colada Panna Cotta dengan Limau Nipis dan Nanas 237
   93. Cognac Panna cotta 240
   94. Panna Cotta Kelapa dengan Blackberry, Thyme & Sloe Gin 242
   95. Panna Cotta Kacang Vanila pic dengan Krim Whipped Rum 245
   96. Lime Infused Berry Panna Cotta dengan beri & fizz 248
   97. Earl Grey Panna Cotta 250
   98. Azuki Panna Cotta 252
   99. Rum Labu Panna Cotta 254
   100. Bijan Hitam Panna Cotta 256

PENUTUP 258

PENGENALAN

Salah satu pencuci mulut yang paling terkenal dan sering diminta, panna cotta - secara harfiah "krim masak" - berasal dari Piedmont dan diperbuat daripada krim dan gula. Terdapat pelbagai versi dan perasa. Rasa manisnya yang halus, tekstur yang licin dan cara penyadurannya yang elegan menjadikannya hidangan yang sempurna di penghujung hidangan.

Untuk menyediakan panna cotta, krim yang sangat segar dipanaskan dengan gula, kemudian isingglass, yang telah direndam dan diperah, ditambah. Bahan terakhir ini digunakan untuk memberikan pencuci mulut konsistensi yang lembut dan bergelatin. Campuran kemudian dibiarkan sejuk selama sekurang-kurangnya enam jam di dalam peti sejuk sebelum dihidangkan.

Ciri hampir setiap menu pencuci mulut di Itali, panna cotta ialah salah satu pencuci mulut yang paling popular untuk dimakan dengan sudu. Sesetengah jenis berperisa dengan kopi, beberapa dengan lavender, atau mungkin badam, rosemary atau karamel; dan mereka sentiasa dibawa ke meja dengan sos hangat berasaskan beri, coklat, krim atau karamel.

1. <u>**Panna Cotta yang ringkas**</u>

Hidangan 6

BAHAN-BAHAN:
- 3 sudu besar air sejuk
- ¼ auns (1 paket) serbuk gelatin
- 1 liter krim berat
- ½ cawan gula pasir
- ⅛ sudu teh garam halal
- 1 biji vanila, belah, biji dikikis, pod dikhaskan

ARAHAN:
a) Kembangkan gelatin. Letakkan air dalam mangkuk kecil dan kacau perlahan-lahan dalam gelatin; biarkan selama 5 minit (ia akan menjadi pekat dan kelihatan seperti sos epal).
b) Buat asas. Dalam periuk berdasar berat pada sederhana rendah, bawa krim, gula, garam, biji vanila dan pod kacang vanila hingga mendidih, kacau sekali-sekala. Setelah mendidih, angkat dari api. Masukkan gelatin yang telah kembang. Pukul sentiasa selama 1 hingga 2 minit, sehingga gelatin cair dan digabungkan sepenuhnya.
c) Sejukkan asas. Isikan mangkuk besar dengan ais dan air. Letakkan penapis jaringan halus di atas mangkuk kalis haba sederhana. Tapis krim melalui penapis. Tetapkan mangkuk di dalam tab mandi ais dan sejuk, kacau dengan spatula getah setiap 5 minit, sehingga termometer yang dibaca segera yang dimasukkan ke dalam krim mencatatkan 60°F.
d) Tuangkan panna cotta. Bahagikan sama rata krim di antara 6 (6 auns) ramekin. (Gunakan spatula untuk mengikis bahagian tepi mangkuk untuk memastikan bahawa semua krim digunakan.) Balut perlahan setiap ramekin dengan bungkus plastik dan sejukkan selama 12 hingga 16 jam.
e) Buka acuan panna cotta. Keesokan harinya, jalankan spatula offset atau pisau pengupas dengan berhati-hati di sepanjang tepi ramekin. Isi mangkuk dengan air suam. Pegang setiap asas ramekin dalam air suam selama 5 saat. Terbalikkan setiap panna cotta ke dalam pinggan dan hidangkan.

FRUITY PANNA COTTA

2. Panna cotta Strawberi Vanila

Membuat: 4 Hidangan

BAHAN-BAHAN:
- 2 cawan Krim
- ¼ cawan Gula, ditambah 3 Sudu Besar
- 2 biji vanila - kedua-duanya dibelah dua, biji dikikis dari satu
- ½ sudu teh pes vanila
- 1 Sudu Besar Minyak
- 2 sudu teh serbuk gelatin dicampur dengan ½ cawan air sejuk
- 125 g strawberi Punnet
- ½ cawan wain merah

ARAHAN:
a) Panaskan krim dan ½ cawan gula perlahan-lahan dalam periuk sehingga semua gula larut. Keluarkan dari api dan kacau dalam ekstrak vanila dan 1 biji vanila bersama-sama dengan biji yang dikikis daripadanya.
b) Taburkan gelatin ke atas air sejuk dalam mangkuk besar dan gabungkan perlahan-lahan.
c) Tuangkan krim yang telah dipanaskan ke atas gelatin dan satukan dengan teliti sehingga gelatin telah dibubarkan. Tapis adunan melalui penapis.
d) Bahagikan adunan di antara mangkuk yang telah digris dan sejukkan sehingga set. Ini biasanya akan mengambil masa sehingga 3 jam .
e) Dalam periuk panaskan wain merah, 6 sudu besar gula, dan baki kacang vanila sehingga mendidih.
f) Bilas, kulit, dan hiris strawberi dan masukkan ke dalam sirap , kemudian sudukan panna cotta yang dikeluarkan.

3. Lemon Panna Cotta

Membuat: 6

BAHAN-BAHAN:
- 1 sampul Serbuk Agar
- 2 cawan Susu Marijuana berasaskan tumbuhan
- 2 sudu besar krim gajus
- ½ cawan gula
- 2 sudu teh ekstrak vanila tulen
- 2 ¼ cawan yogurt soya
- 2 sudu teh jus lemon

UNTUK TOPPING BUAH:
- 1 cawan raspberi, merah dan emas
- 2 cawan strawberi campuran atau beri biru
- 2 biji pic, kupas, hiris nipis
- 2 sudu teh gula canna
- 1 auns Vodka
- 1 auns Campari
- 1 sudu besar kulit limau

ARAHAN:

a) Dalam mangkuk, taburkan seluruh paket Serbuk Agar ke atas 2 sudu besar krim gajus. Biarkan 5 minit untuk ia lembut.
b) Dalam periuk dengan api perlahan, gabungkan Susu Marijuana berasaskan tumbuhan, gula dan vanila.
c) Didihkan adunan selama beberapa minit sebelum tutup api.
d) Dalam periuk, kacau Serbuk Agar dan campuran krim sehingga larut sepenuhnya. Dalam mangkuk adunan sederhana, pukul yogurt soya sehingga rata.
e) Masukkan gabungan Susu Marijuana dan jus lemon ke dalam yogurt secara beransur-ansur.
f) Bahagikan campuran di antara enam ramekin kecil. Sejukkannya selama 4 jam atau sehingga ia telah ditetapkan.
g) Untuk membuat topping, gabungkan buah, Vector Vodka, Cannabis Campari, gula dan kulit limau dalam mangkuk adunan.
h) Ketepikan sekurang-kurangnya 20 minit di dalam peti ais.
i) Jalankan pisau tajam di sekeliling rim ramekin untuk mengeluarkan Panna Cotta, kemudian balikkan ramekin ke atas pinggan.
j) Hidangkan bersama adunan buah di atas.

4. Strawberi Panna Cotta

Membuat: 6

BAHAN-BAHAN:
- ⅓ cawan susu
- 1 paket gelatin tanpa rasa
- 2 ½ cawan krim pekat
- ¼ cawan gula
- ¾ cawan hirisan strawberi
- 3 Sudu besar gula perang
- 3 Sudu besar brendi

ARAHAN:
a) Kacau susu dan gelatin sehingga gelatin larut sepenuhnya. Keluarkan daripada persamaan.
b) Dalam periuk kecil, masak krim pekat dan gula sehingga mendidih.
c) Masukkan campuran gelatin ke dalam krim berat dan pukul selama 1 minit.
d) Bahagikan adunan antara 5 ramekin.
e) Letakkan bungkus plastik di atas ramekin. Selepas itu, sejukkan selama 6 jam.
f) Dalam mangkuk adunan, satukan strawberi, gula perang dan brendi; sejuk selama sekurang-kurangnya 1 jam.
g) Letakkan strawberi di atas panna cotta.

5. Panna cotta buttermilk dengan jeli lemon

Membuat: 4 hidangan

BAHAN-BAHAN:
UNTUK PANNA COTTA:
- 2 cawan Buttermilk
- 1½ sudu teh serbuk gelatin tidak berperisa
- ⅔ cawan krim pekat
- ½ cawan Gula

UNTUK JELLY:
- ½ cawan jus lemon segar
- ½ pek Serbuk gelatin tidak berperisa
- ¼ cawan Gula

ARAHAN:
MEMBUAT PANNA COTTA:
a) Tuangkan 1 cawan buttermilk ke bahagian atas double boiler.
b) Taburkan gelatin ke atas buttermilk, biarkan hingga lembut, kira-kira 5 minit.
c) Sementara itu, dalam periuk kecil, masak krim dan sedikit ½ cawan gula hingga mendidih. Tambah campuran krim ke campuran gelatin; letakkan di atas air mendidih; pukul sehingga gelatin larut, kira-kira 5 minit.
d) Masukkan baki cawan buttermilk. Lulus adunan melalui penapis berlapik kain cheesecloth. Bahagikan antara enam ramekin 4-auns atau mangkuk kecil pada lembaran pembakar. Penutup; sejukkan sehingga ditetapkan, kira-kira 4 jam.

BUAT JELLI:
e) Letakkan ¼ cawan jus lemon dalam mangkuk adunan. Taburkan gelatin ke atas jus lemon dan biarkan sehingga lembut, kira-kira 5 minit.
f) Dalam kuali kecil, masak gula dan 1 cawan air hingga mendidih dengan api yang tinggi. Tuangkan sirap ke atas campuran gelatin, pukul hingga larut. Masukkan baki ¼ cawan jus lemon. Benarkan campuran kembali ke suhu bilik.
g) Setelah buttermilk panna cotta mengeras, tuangkan lapisan nipis ¼ inci jeli lemon di atas setiap ramekin.
h) Sejukkan sehingga set, kira-kira 30 minit. Panna cotta ramekin boleh disediakan sehingga 24 jam lebih awal, ditutup dan disejukkan. Hidangkan sejuk dan hiaskan dengan sorbet lemon dan biskut rangup.

6. Gel Berry Panna Cotta

Membuat: 6

BAHAN-BAHAN:
GELATIN MEKAR
- 1 paket serbuk gelatin Knox
- 3 sudu besar air jika menggunakan gelatin serbuk

PANNA COTTA
- 1 ½ cawan separuh setengah atau 3% susu
- ¼ cawan madu
- Secubit garam laut
- 1 sudu besar pes kacang vanila atau ekstrak vanila atau kaviar vanila yang dikikis daripada 1 pod kacang vanila
- 1 ½ cawan krim pekat / krim putar

GEL CAIR BERRY
- 200 g beri
- 3 sudu besar madu
- ½ sudu besar jus lemon
- Secubit garam
- ½ sudu kecil gelatin serbuk 1 helai gelatin emas

ARAHAN:
BLOOM THE GELATIN
a) Tuangkan air ke dalam mangkuk kecil. Taburkan serbuk gelatin ke atas air, dan gaul rata. Ketepikan sehingga gelatin menyerap air.
b) Jika menggunakan kepingan gelatin, pecahkan kepingan gelatin itu kepada separuh. Isikan mangkuk kecil dengan air paip sejuk dan tenggelamkan kepingan gelatin di dalam air. Ketepikan sekurang-kurangnya 10 minit sehingga gelatin lembut. Sebelum menggunakan kepingan gelatin, keluarkannya dari mangkuk air dan perah lebihan air.

PANNA COTTA
c) Letakkan separuh dan separuh dalam periuk kecil, bersama dengan madu, garam, dan vanila.

d) Panaskan dengan api sederhana dan kacau adunan semasa dipanaskan. Pastikan garam dan madu larut dan campurkan ke dalam asas. JANGAN biarkan adunan mendidih.
e) Apabila separuh dan separuh - asas susu mengukus, keluarkan dari api.
f) Masukkan gelatin yang telah kembang terus ke dalam adunan panas dan kacau perlahan-lahan/pukul sehingga gelatin larut sepenuhnya.
g) Masukkan krim kental dan kacau.
h) Bahagikan adunan kepada 6 hidangan. Setiap hidangan adalah kira-kira ½ cawan kapasiti.
i) Pastikan untuk mengacau campuran panna cotta setiap kali anda menuangkannya ke dalam hidangan hidangan supaya biji vanila tersebar dengan betul melalui campuran.
j) Biarkan panna cotta sejuk sedikit, kemudian tutupnya dengan bungkus plastik dan simpan di dalam peti sejuk semalaman.

GEL CAIR BERRY

k) Kembangkan gelatin
l) Campurkan ½ sudu kecil gelatin dengan ½ sudu besar air, dan biarkan selama kira-kira 10 minit.
m) Jika anda menggunakan kepingan gelatin, rendam kepingan gelatin dalam semangkuk air selama sekurang-kurangnya 10 minit sehingga lembut. Pastikan anda memerah air tambahan sebelum menambah helaian ke dalam adunan beri.

BERRY COULIS

n) Letakkan beri, madu, garam, dan jus lemon dalam periuk kecil.
o) Masak dengan api sederhana sehingga buah beri hancur. Ini boleh mengambil masa kira-kira 10 - 15 minit.
p) Masak adunan sehingga anda mempunyai kira-kira 1 cawan berry couli.
q) Anda boleh menggunakan coulis beri apa adanya, jika anda mahu. Tetapi untuk membuat gel cecair, anda perlu menambah gelatin.
r) Kacau dalam gelatin yang telah mekar sehingga ia larut sepenuhnya dalam coulis beri.

s) Letakkan jello coulis di dalam peti sejuk sehingga ia set.
t) Setelah set, pecahkan lapisan jello dan masukkan ke dalam bekas yang boleh digunakan dengan pengisar kayu.
u) Kisar jello beri sehingga anda mempunyai pes licin. Anda akan mendapat gel cecair.

UNTUK BERKHIDMAT

v) Bila panna cotta dah set, boleh simpan dalam peti ais sehingga 3 - 4 hari.
w) Hidangkan panna cotta dengan sedikit gel cecair beri dan beri segar di atasnya.
x) Jika anda membuka acuan panna cotta, letakkan acuan dalam air suam selama beberapa saat sehingga panna cotta longgar sedikit dan boleh dikeluarkan dari acuan.
y) Hidupkan ke atas pinggan hidangan dan ketuk atau picit perlahan-lahan acuan untuk mengeluarkan panna cotta. Sendukkan raspberry coulis di atas, dan hidangkan segera.

7. Raspberry Gelee Panna Cotta

Membuat: 4

BAHAN-BAHAN:
UNTUK PANNA COTTA:
- 1/2 cawan susu penuh
- 1.5 sudu kecil serbuk gelatin tidak berperisa
- 1.5 cawan krim putar berat
- 1/4 cawan gula pasir
- 1 sudu kecil ekstrak vanila
- 1/4 sudu kecil garam

UNTUK GELEE RASPBERI:
- 3/4 sudu kecil sampul gelatin
- 1/4 cawan air
- 1.5 cawan raspberi segar atau beku
- 1/4 cawan gula pasir
- 2 sudu kecil jus lemon

ARAHAN

a) Dalam periuk kecil dari api, satukan 1.5 sudu kecil gelatin dengan susu, dan biarkan selama 5 minit. Proses ini dipanggil mekar, dan membiarkan gelatin menyerap cecair dan larut secara sekata kemudian.

b) Letakkan kuali di atas api sederhana, dan kacau selalu selama 5 minit, sehingga gelatin larut, pastikan anda tidak mendidih susu. Kecilkan api ke sederhana rendah, jika perlu.

c) Masukkan krim kental, gula, ekstrak vanila, dan garam, dan kacau selama 5 minit lagi sehingga gula larut. Keluarkan adunan dari api.

d) Tuang rata adunan ke dalam 4 gelas atau ramekin pilihan anda, dan biarkan sejuk pada suhu bilik selama 15 minit. Kemudian sejukkan dalam peti ais selama 6 jam untuk set.

e) Untuk membuat gelee raspberi, dalam periuk kecil, gabungkan baki gelatin dengan air, dan biarkan selama 5 minit.

f) Masukkan raspberi, gula, dan jus lemon, kemudian reneh selama 5 minit sehingga gula larut. Gunakan ayak bersirat halus untuk menapis biji raspberi.

g) Biarkan gelee sejuk pada suhu bilik, kira-kira 10-15 minit, sebelum tuangkan secara merata ke atas panna cotta yang telah sejuk.

h) Sejukkan selama sejam lagi untuk menetapkan gelee. Jika mahu, hidangkan dengan beri segar di atas, dan nikmatilah!

8. Yuzu Panna Cotta

BAHAN-BAHAN:
- 3 helai daun gelatin
- 1 cawan susu penuh
- 1 cawan krim berganda
- 1 sudu besar madu halia SPRIG
- ½ sudu teh ekstrak yuzu

ARAHAN

a) Taburkan gelatin ke atas 6 sudu besar air sejuk dalam mangkuk bersaiz sederhana dan biarkan selama 5 hingga 10 minit.
b) Rendam daun agar-agar dalam sedikit air sejuk sehingga daun lembut.
c) Dalam periuk yang diletakkan di atas api sederhana, masak susu, krim, madu dan ekstrak yuzu hingga mendidih.
d) Keluarkan kuali dari api. Perah air dari daun gelatin dan masukkan ke dalam adunan krim semasa masih suam. Gaul sehingga gelatin larut.
e) Tuangkan ke dalam ramekin atau mana-mana peralatan gelas/seramik lain yang diminyaki ringan dan sejukkan semalaman.
f) Apabila panna cotta telah ditetapkan, keluarkannya dari ramekin dan hidangkan dengan kismis merah segar

9. Sirap Oren Panna Cotta dengan

Membuat: 6

BAHAN-BAHAN:
UNTUK PANNA COTTA
- 1 1/2 cawan susu penuh
- 3 sudu teh serbuk gelatin
- 1/3 cawan gula halus
- 1 1/2 cawan krim
- 1 sudu teh pes vanila
- secubit garam

UNTUK SIRAP OREN
- Perahan separuh oren besar
- 3/4 cawan jus oren
- 1/4 cawan air
- 1/4 cawan gula halus
- 1 sudu teh serbuk gelatin

ARAHAN
UNTUK PANNA COTTA

a) Jika anda ingin menghidupkan Panna Cotta ke dalam pinggan apabila ditetapkan, mula-mula mulakan dengan menyembur acuan atau ramekin dariole anda dengan semburan minyak.

b) Lap mereka dengan tuala kertas supaya hanya terdapat penutup cahaya.

c) Tuangkan susu sejuk ke dalam periuk dan taburkan gelatin di atasnya. Biarkan ia "mekar" selama 5 minit.

d) Hidupkan api perlahan di bawah periuk dan kacau selama satu atau dua minit sehingga gelatin telah dibubarkan.

e) Masukkan gula dan kacau lagi hingga larut. Ini hanya perlu mengambil masa satu atau dua minit sahaja. Jangan biarkan susu terlalu panas atau sampai mendidih. Ia sepatutnya hanya hangat.

f) Keluarkan periuk dari api. Tuangkan krim, vanila dan garam dan gaul sehingga sebati.

g) Tuang ke dalam pinggan atau acuan. Letakkan segera di dalam peti sejuk dan biarkan selama sekurang-kurangnya 4 jam.
h) Untuk membongkar acuan, isi pinggan dengan air suam hanya seinci atau lebih, kemudian masukkan acuan ke dalam air suam selama 10-20 saat. Letakkan hidangan hidangan anda di atas acuan Panna Cotta dan balikkan.
i) Berikan Panna Cotta goncang lembut. Mereka mungkin mengambil sedikit galakan tetapi harus meluncur keluar dengan sempurna. Ini akan cair jika dibiarkan terlalu lama jadi pastikan anda tidak mematikannya sehingga sedia untuk dihidangkan.

UNTUK SIRAP OREN

j) Masukkan perahan, jus, air dan gula dalam periuk dan renehkan, kacau sehingga semua gula larut. Tutup api dan masukkan gelatin sehingga larut.
k) Biarkan ia sejuk dan ia akan menjadi baik dan pekat dan sirap. Gerimis di atas bahagian atas Panna Cotta

10. Blackberry Honey Panna Cotta

Membuat: 6

BAHAN-BAHAN:
- 1 cawan kefir atau susu mentega
- 4oz sampul surat tanpa rasa, serbuk gelatin
- 2 cawan krim berat
- 1 biji vanila, belah
- 1/4 cawan Madu Blackberry
- 1/4 sudu teh garam halal
- Segenggam pistachio, dicincang

ARAHAN

a) Ukur kefir dan taburkan gelatin secara merata di atas, tetapi jangan kacau. Biarkan agar-agar lembut sehingga bijirin kelihatan basah dan seperti ia mula larut, 5-10 minit.

b) Sementara itu, panaskan krim, madu, garam dan kacang vanila dalam set periuk di atas api sederhana sehingga hampir mendidih. Kacau sekali-sekala untuk melarutkan madu. Tutup api dan keluarkan kacang vanila, kikis biji ke dalam periuk.

c) Masukkan susu dan gelatin dan kacau sehingga gelatin larut. Bahagikan adunan antara 6 ramekin atau gelas. Tutup dan sejukkan sehingga ditetapkan, sekurang-kurangnya 4 jam dan sehingga semalaman. Jika anda akan meninggalkannya semalaman, tutup setiap ramekin dengan bungkus plastik.

d) Untuk membuka acuan panna cotta, jalankan pisau nipis di sekeliling tepi atas setiap ramekin untuk melepaskan sisi, dan terbalikkan ke atas pinggan. Anda mungkin perlu menggoncang ramekin perlahan-lahan untuk mengeluarkan panna cotta ke atas pinggan. Hiaskan setiap panna cotta dengan satu sudu rhubarb pf dan jusnya dan taburkan pistachio cincang.

e) Secara bergantian, sajikan panna cotta terus dari ramekin mereka dengan hiasan di atasnya.

11. Panna Cotta Kelapa Dengan Buah Markisa

Membuat: 6
BAHAN-BAHAN:
UNTUK BAHAGIAN KELAPA
- 400 g Pure kelapa tebal, tinggi lemak, bukan yang berair
- 80 g gula pasir
- 4 helai gelatin 1.7g gelatin / lembaran

UNTUK BAHAGIAN BUAH NAFSU
- 250 g Pure buah markisa segar atau beku, biji dikeluarkan, tinggalkan beberapa biji sahaja
- 100 g gula pasir
- 4 helai gelatin
- Kuki sable
- 45 g gula aising
- 115 g tepung AP
- 15 g tepung badam
- Secubit garam
- 55 g Mentega tanpa garam sangat sejuk
- 25 g Telur lebih kurang. separuh telur
- Coklat putih cair
- Kelapa parut

ARAHAN
COOKIE SABLE
a) Setelah biskut dibakar dan disejukkan pada suhu bilik, cairkan sedikit coklat putih dan tumbuk biskut dengannya
b) Taburkan dengan kelapa parut dan ketepikan

PANNA COTTA
c) Sediakan bahagian kelapa: Rendam helaian gelatin ke dalam air sejuk
d) Panaskan puri kelapa dan gula hingga mendidih dan gula larut
e) Keluarkan periuk dari api, perahkan lebihan air dari kepingan gelatin dan kacau ke dalam adunan kelapa. Ketepikan
f) Sediakan bahagian buah markisa: Rendam kepingan gelatin ke dalam air sejuk
g) Jalankan puri buah markisa melalui ayak untuk menyingkirkan kebanyakan biji. Simpan dalam beberapa sahaja

h) Panaskan puri markisa bersama gula sehingga mendidih dan gula larut sepenuhnya
i) Keluarkan periuk dari api, perahkan lebihan air dari kepingan gelatin dan kacau ke dalam puri buah markisa. Ketepikan

BERHIMPUN

j) Memandangkan kedua-dua bahagian kelapa dan bahagian buah markisa mengandungi gelatin, anda perlu berhati-hati agar tidak membiarkannya tetap sepenuhnya sebelum dipasang sepenuhnya dalam acuan, jadi jangan biarkan ia sejuk sepenuhnya. Kacau sekali-sekala
k) Dapatkan acuan anda dan mari mulakan proses pemasangan. Paipkan bahagian putih ke tengah setiap rongga, kemudian paipkan lagi panna cotta kelapa ke dalam bulatan luar
l) Letakkan acuan ke dalam peti sejuk selama 15 minit supaya bahagian kelapa boleh ditetapkan sebelum meneruskan ke langkah seterusnya. Biarkan baki krim kelapa pada suhu bilik dan kacau sekali-sekala supaya ia tidak tetap
m) Setelah bahagian kelapa benar-benar terkumpul di dalam peti sejuk, teruskan dengan paip bahagian buah markisa di atas
n) Bekukan semula acuan sekarang selama 30 minit. Pastikan anda sekali-sekala mengacau bahagian kelapa yang tinggal supaya ia tidak akan mengeras semasa acuan berada di dalam peti sejuk.
o) Setelah bahagian buah markisa dimasukkan sepenuhnya ke dalam peti sejuk, teruskan dengan paip bahagian putih yang tinggal di atas. Biarkan ia sejuk di dalam peti sejuk selama min 6j, semalaman adalah lebih baik
p) Selepas panna cotta dibekukan sepenuhnya, perlahan-lahan tetapi tegas lepaskannya dari acuan. Pastikan anda menekan bahagian tengah terutamanya supaya ia tidak tersekat ke dalam acuan
q) Letakkan setiap panna cotta pada biskut sable kelapa sementara panna cotta dibekukan
r) Biarkan panna cotta cair sama ada pada suhu bilik atau dalam peti sejuk

12. Kek Panna Cotta Cranberi Roti Halia

Membuat: 4

BAHAN-BAHAN:
ASAS ROTI HALIA
- 130 gram biskut roti halia, dihancurkan
- 65 gram mentega bebas tenusu atau minyak kelapa, cair

JELI CRANBERRY
- 2 1/2 cawan cranberry
- 2 cawan air
- 1 oren, diperah dan dijus
- 1/4 cawan sirap maple
- 1 sudu kecil serbuk agar-agar

PANNA COTTA KELAPA
- 1 400 mililiter tin santan
- 1/4 cawan sirap maple
- 65 gram coklat putih vegan
- 1 sudu teh ekstrak vanila tulen
- 1 sudu kecil serbuk agar-agar

ARAHAN

a) Dalam mangkuk sederhana, satukan bahan untuk asas roti halia dan tekan adunan padat ke dalam acuan kek kecil. Sejukkan sehingga padat.

b) Satukan cranberry, jus oren dan perahan dalam periuk. Masukkan sirap maple dan air. Bawa hingga mendidih dengan api sederhana dan masak, kacau sekali-sekala sehingga beri pecah dan sos pekat, kira-kira 15 minit.

c) Tapis campuran melalui ayak mesh halus, menggunakan bahagian belakang sudu untuk menekan jus. Simpan campuran cranberry.

d) Masukkan jus cranberry ke dalam periuk, masak dengan api sederhana. Masukkan agar-agar dan gaul sehingga larut sepenuhnya. Biarkan mendidih selama 1 minit. Tuang adunan ke atas alas kemudian, sejukkan sehingga set.

e) Masukkan santan dalam periuk, masak dengan api sederhana, dengan kacau berterusan selama 1 minit. Masukkan agar-agar dan gaul sehingga larut sepenuhnya. Pukul coklat putih, sirap maple dan vanila. Biarkan mendidih selama 1 minit. Tuangkan ke atas lapisan cranberry, sejukkan sehingga set.
f) Keluarkan kek dari acuan.
g) Teratas dengan sos kranberi dan hidangkan.

13. Delima Panna Cotta

Membuat: 8

BAHAN-BAHAN:
- 1/2 cawan krim berat
- Jus dan kulit 1 oren
- 1 sudu teh gula pasir
- 1/2 sudu teh ekstrak vanila yang baik
- 1 1/2 cawan susu penuh
- 1 sudu besar gelatin serbuk
- 1 1/2 cawan jus delima
- 1 sudu besar gelatin serbuk
- 2 sudu teh gula pasir
- Biji 1 buah delima, untuk hiasan

ARAHAN
a) Dalam periuk masukkan krim, jus oren dan kulit di atas api sederhana. Masukkan gula dan biarkan mendidih. Masukkan vanila dan kacau.
b) Dalam mangkuk kecil, masukkan susu dan taburkan pada gelatin. Biarkan empuk kira-kira 5 minit. Kacau susu dan gelatin ke dalam krim sehingga larut.
c) Bahagikan adunan antara gelas, condongkan ke dalam kotak telur kosong atau tin muffin. Sejukkan sehingga ditetapkan sekurang-kurangnya 2 jam, semalaman adalah yang terbaik.
d) Sementara itu, masukkan 1 sudu besar gelatin ke dalam jus delima dan biarkan larut selama 5 minit dalam jag penyukat. Masukkan ke dalam periuk dengan gula dan biarkan mendidih. Biarkan sejuk sedikit, tuang semula ke dalam jag penyukat dan tuangkan ke atas set panna cotta. Sejukkan sehingga set.
e) Hiaskan dengan biji delima.

14. Kunci Limau Panna Cotta

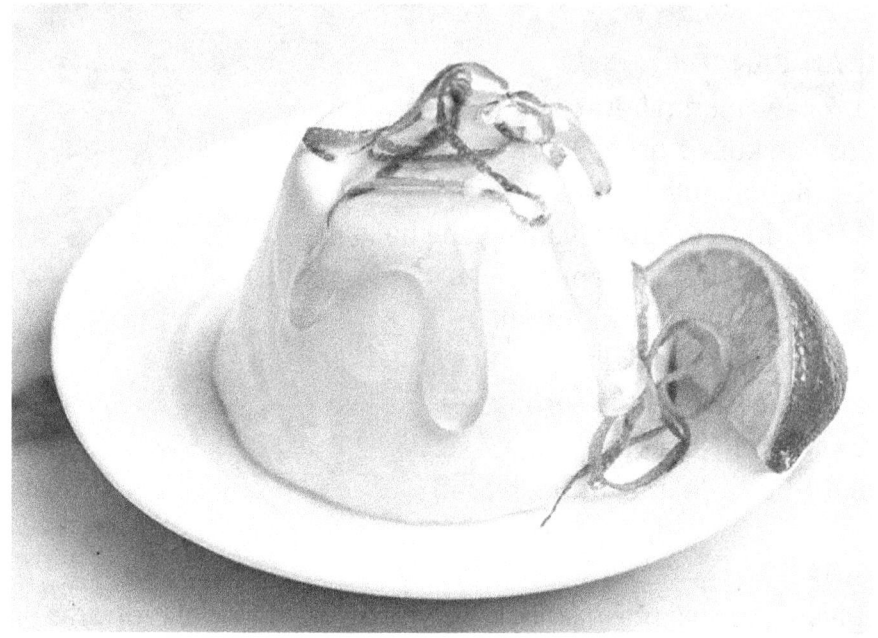

Membuat: 6 hidangan

BAHAN-BAHAN:
- 2 cawan Heavy Whipping Cream
- ½ cawan Gula pasir
- 1 paket Gelatin
- 1 sudu teh Ekstrak Vanila
- 1 sudu teh Key Lime Zest
- 2 ½ sudu teh Jus Limau Utama, dijus segar

ARAHAN
a) Dalam mangkuk kecil gabungkan paket gelatin dengan 3 sudu besar air sejuk; pukul hingga sebati dan ketepikan.
b) Dalam periuk sederhana yang berat, satukan krim, gula dan vanila di atas api sederhana sederhana. Kacau selalu sehingga gula larut sepenuhnya.
c) Masukkan campuran gelatin dan pukul untuk melarutkan gelatin dan gabungkan sepenuhnya dengan campuran krim. Masukkan perahan limau nipis dan jus.
d) Tuangkan sama rata ke dalam 6 bekas hidangan atau ramekin yang dikehendaki. Letakkan di dalam peti sejuk selama 3-4 jam sehingga set sepenuhnya.
e) Untuk melepaskan panna cotta: Sekiranya anda memilih untuk meletakkan panna cotta pada pinggan hidangan individu dan bukannya menghidangkan dalam mangkuk seperti yang ditunjukkan di sini, letakkan bekas dengan panna cotta dalam kuali berisi air panas yang cukup dalam untuk memanaskan bahagian luar mangkuk tetapi tidak begitu dalam ia akan masuk ke dalam mangkuk. Biarkan untuk duduk beberapa minit.
f) Keluarkan dan letakkan hidangan individu menghadap ke bawah di bahagian atas mangkuk panna cotta. Terbalikkan perlahan-lahan dan goncangkan mangkuk panna cotta sedikit untuk membolehkan panna cotta terlepas ke atas pinggan. Jika ia tidak akan dilepaskan, ulangi lagi.

15. Panna Cotta Oren Darah

BAHAN-BAHAN:
- Oren Darah Manisan, sirap dikhaskan untuk hiasan
- Jus daripada 4 Oren Darah bagus dan berlemak
- 1 Peket Gelatin
- 2 dan 1/2 Cawan Krim Berat
- 1/2 Cawan Gula
- 3 Sudu Besar Air
- 2 Sudu Teh Serbuk Oren Darah Parut Halus
- 2 Sudu Teh Ekstrak Vanila

ARAHAN

a) Pukul bersama jus oren darah, air, dan gelatin dalam mangkuk kecil dan ketepikan. Didihkan gula dan krim kental dalam periuk kecil dengan api sederhana, pukul setiap beberapa minit.

b) Sebaik sahaja ia mula mendidih, kecilkan api hingga mendidih dan masukkan adunan gelatin.

c) Teruskan memasak selama dua minit, pukul sepanjang masa. Keluarkan dari api dan pukul dalam kulit oren darah dan ekstrak vanila sehingga digabungkan. Biarkan campuran sejuk pada suhu bilik sebelum diedarkan ke dalam 6 ramekin berasingan.

d) Letakkan ramekin di dalam peti sejuk untuk membuat gel selama 6 jam atau semalaman.

e) Setelah ditetapkan, taburkan sedikit sirap daripada oren darah manisan ke dalam setiap ramekin dan hiaskan setiap ramekin dengan gula oren darah. Hidangkan segera.

16. Aprikot & Madu Panna Cotta

Membuat: 4-6

BAHAN-BAHAN:
- Untuk aprikot:
- 6 biji aprikot
- minyak zaitun

UNTUK PANNA COTTA:
- 1/4 cawan air
- 1 sudu besar gelatin serbuk
- 2 cawan krim berat
- 1/4 cawan madu
- 1 cawan buttermilk penuh lemak

ARAHAN

SEDIAKAN APRIKOT:

a) Potong aprikot separuh dan keluarkan lubang. Sapu sedikit dengan minyak zaitun dan panggang di atas arang panas sehingga lembut.

b) Biarkan sejuk dan puri sehingga halus dalam pemproses makanan. Bahagikan adunan antara 6 gelas.

SEDIAKAN PANNA COTTA:

c) Letakkan air dalam mangkuk kecil dan taburkan gelatin di atasnya. Rizab.

d) Dalam periuk besar berdasar berat yang diletakkan di atas api sederhana, masak krim kental dan madu hingga mendidih. Apabila krim panas, keluarkan dari api dan pukul dalam gelatin yang telah dikhaskan sehingga ia larut sepenuhnya. Masukkan buttermilk dan pukul hingga sebati.

e) Bahagikan adunan di atas puri aprikot. Biarkan berdiri pada suhu bilik selama 20 minit dan kemudian sejukkan selama sekurang-kurangnya 4 jam sebelum dihidangkan untuk membiarkan krim ditetapkan dengan betul.

17. Creme Fraiche Panna Cotta dengan beri hitam

Membuat: 6

BAHAN-BAHAN:
- 1 cawan susu penuh
- 1 cawan krim berat
- ½ cawan gula pasir
- ⅔ cawan crème fraiche
- 4 helai gelatin atau 1 sudu besar gelatin serbuk
- hiasan
- beri hitam segar
- pistachio hancur
- bebola rangup coklat putih, pilihan

ARAHAN
a) Tuang susu, krim, gula, dan crème fraiche ke dalam periuk dan pukul sehingga rata.
b) Letakkan periuk di atas api sederhana rendah hingga sederhana dan renehkan sehingga gula larut, kacau.
c) Isikan mangkuk adunan dengan air ais dan tambah kepingan gelatin untuk "mekar". Setelah kepingan menjadi lembut dan lentur, kacau ke dalam adunan susu.
d) Kacau sehingga gelatin larut.
e) Keluarkan campuran susu dari dapur dan tuangkan ke dalam 6 ramekin 4-auns. Pindahkan ramekin yang telah diisi ke dalam loyang dan letakkan di dalam peti sejuk untuk ditetapkan. Benarkan panna cotta disediakan di dalam peti sejuk selama sekurang-kurangnya 4 hingga 6 jam dan sehingga 2 hari.
f) Teratas dengan beri, pistachio dan bebola rangup coklat putih, jika digunakan. Hidang.

18. Panna Cotta dan Mango Mousse Domes

Membuat: 6-7 kubah

BAHAN-BAHAN:
PANNA COTTA
- 150g krim putar
- 50g susu
- 33g gula pasir
- 2 sudu teh pes kacang vanila
- 2g daun gelatin

MANGGA KIUBIS
- 1 biji buah mangga dipotong dadu
- 100g puri mangga
- 2g daun gelatin
- 25g gula pasir

MANGO MOUSSE
- 150g puri mangga
- 4g daun gelatin
- 10g gula pasir
- 120g krim putar

MANGGO GLAZE
- 1 sudu teh jus lemon
- 100g puri mangga
- 4g daun gelatin
- 2 sudu teh gula pasir

ARAHAN:
UNTUK PANNA COTTA
a) Didihkan krim putar, susu, gula dan pes vanila.
b) Keluarkan dari api, masukkan dan kacau gelatin lembut sehingga larut.
c) Biarkan sejuk. Tuang adunan melalui penapis ke dalam gelas atau acuan kecil.
d) Sejukkan dalam peti ais sehingga set.

UNTUK KIUB MANGGA
e) Potong mangga menjadi kiub kecil.

f) Rebus separuh daripada puri mangga bersama gula sehingga gula larut.
g) Keluarkan dari api, masukkan dan kacau gelatin lembut sehingga larut.
h) Campurkan separuh lagi puri mangga dan kiub mangga.
i) Sudukan kiub mangga di atas panna cotta.
j) Sejukkan dalam peti ais sehingga set.

UNTUK MANGGO MOUSSE

k) Rebus separuh daripada puri mangga bersama gula sehingga gula larut.
l) Keluarkan dari api, masukkan dan kacau gelatin lembut sehingga larut.
m) Campurkan separuh lagi puri mangga.
n) Masukkan krim putar dan kacau rata hingga mousse mangga kuning muda.
o) Sudu di atas kiub mangga.
p) Sejukkan dalam peti ais sehingga set.

UNTUK MANGGO GLAZE

q) Rebus separuh daripada puri mangga bersama gula sehingga gula larut.
r) Keluarkan dari api, masukkan dan kacau gelatin lembut sehingga larut.
s) Campurkan separuh lagi puri mangga dan jus lemon.
t) Biarkan sejuk. Sementara itu nyah acuan panna cotta dan mousse mangga.
u) Tuangkan sayu mangga ke atas. [Sila lihat siaran lama saya untuk melihat helah]
v) Sejukkan dalam peti ais sehingga set. Hias dan nikmati.

19. Mango Panna Cotta

Membuat: 4 Hidangan

BAHAN-BAHAN:
- 2 sudu teh Serbuk Gelatin
- 2 sudu besar Air
- 1 buah mangga besar
- 1-2 sudu teh Jus Lemon
- 1 sudu teh Gula
- 1 cawan Susu
- 1/4 cawan Gula Kastor
- 1/2 cawan Krim

ARAHAN:

a) Taburkan Serbuk Gelatine ke dalam Air dalam mangkuk kecil dan rendam selama 5-10 minit.

b) Kupas dan batu Mangga, potong kasar dan letakkan semua pulpa dan jus dalam pengisar. Kisar hingga sebati. Tambah Jus Lemon untuk lebih masam mengikut keperluan.

c) Simpan 2-3 sudu besar Mangga tulen dalam mangkuk kecil, tambah 1 sudu teh Gula, dan gaul rata. Anda mungkin ingin menambah sedikit Liqueur. Ini akan menjadi sos.

d) Letakkan Susu dan Gula dalam periuk, dan panaskan dengan api sederhana, kacau, dan biarkan mendidih. Keluarkan dari haba.

e) Masukkan Gelatin yang telah direndam, gaul rata sehingga gelatin larut. Masukkan Krim dan Mangga yang telah ditumbuk halus, dan gaul hingga sebati.

f) Tuangkan adunan ke dalam gelas hidangan atau acuan jeli. Letakkannya di dalam peti sejuk dan biarkan untuk ditetapkan.

g) Hidangkan bersama puri Mangga yang disimpan.

20. Air Kelapa Panna Cotta dengan Safron

Membuat: 6 hidangan

BAHAN-BAHAN:
- 2-3 sudu besar helai Agar-Agar
- 1 liter air kelapa segar
- 2 sudu besar Gula
- 8-10 helai kunyit

ARAHAN:
a) Pertama sekali, rendam helai Agar-agar dalam secawan air. Ketepikan selama 30 minit. Biarkan ia mendidih dengan api besar pada mulanya. Kemudian kecilkan api dan biarkan ia larut sepenuhnya. Ia akan mengambil masa sekitar 8-10 minit.

b) Panaskan air kelapa dan gula hingga panas. Masukkan campuran Agar-Agar ini ke dalamnya. Tapis jika mahu. Tetapi ia tidak diperlukan sama sekali. Anda boleh menambahnya secara langsung. Tetapi berhati-hati bahawa ia harus dibubarkan sepenuhnya seperti yang anda lihat dalam gambar. Masukkan juga helaian Safron. Gaul rata dan biarkan ia sejuk sebelum disejukkan.

c) Tutup dan sejukkan sehingga set. Hiris dan nikmati dengan sedikit kelapa kering dicincang di atasnya. Atau seadanya. Rasanya sangat hebat. Yum!

21. Panna cotta vanila dengan sos blackberry

BAHAN-BAHAN:
- 300 ml krim berganda
- 200 ml susu penuh
- 50 g gula kastor
- 2 helai gelatin
- 1 sudu kecil pes kacang vanila
- 150 g beri hitam
- 2 sudu besar gula halus
- 5 sudu besar air
- 1 perahan lemon

ARAHAN:
a) Satukan krim susu dan gula dalam kuali sos dengan api sederhana. Biarkan mendidih kacau untuk melarutkan gula
b) Masukkan vanila. Sementara itu, rendam kepingan gelatin dalam air sejuk selama 5 minit. Perah lebihan air, masukkan ke dalam krim dan kacau hingga larut.
c) Tuangkan ke dalam acuan dan masukkan ke dalam peti ais selama 2-3 jam
d) Untuk membuat sos, simpan 4-8 buah beri dan masukkan baki beri hitam ke dalam periuk dengan gula dan air. Biarkan mendidih selama 5 minit, hancurkan beri
e) Masukkan perahan jus limau nipis, lalu ayak dan masukkan beri hitam yang dikhaskan untuk diperap
f) Apabila sedia untuk dihidangkan, letakkan acuan dalam air suam selama 20 saat, terbalikkan ke dalam pinggan dan hidangkan bersama beri hitam dan sos.

22. Oren Panna Cotta dan Oren Jeli

BAHAN-BAHAN:
- Untuk Panna Cotta:
- 1/2 cawan susu penuh lemak
- 1 & 1/4 cawan krim putar berat
- 1 sudu kecil gelatin serbuk
- 1/4 cawan gula putih
- 1/2 sudu teh ekstrak vanila
- Serbuk sebiji oren
- Untuk jeli oren:
- 1/2 cawan jus oren yang baru diperah
- 2 & 1/2 sudu kecil gelatin serbuk
- 1/4 cawan gula putih
- 1 cawan air

ARAHAN:
a) Untuk membuat Panna Cotta, bahagikan susu kepada separuh dan tuangkan separuh ke dalam mangkuk.
b) Taburkan gelatin ke atas susu dan biarkan selama 15 minit hingga kembang (gelatin yang berjaya mekar akan kelihatan seperti span)
c) Satukan baki separuh susu dengan krim, kulit oren, vanila, dan gula dalam periuk. Kacau dengan api sederhana sehingga gula larut sepenuhnya. Campuran harus panas tetapi tidak mendidih.
d) Sekarang matikan api dan ketepikan bertutup untuk curam selama beberapa minit (mungkin kira-kira 15 minit). Penutup adalah penting untuk mengunci rasa oren daripada semangat, jadi sila jangan melangkaunya
e) Letakkan semula adunan yang telah direndam di atas api hingga mendidih, kemudian masukkan adunan gelatin dan susu dan kacau sehingga gelatin larut sepenuhnya. Menggunakan penapis berlubang kecil, tapis adunan dan ramuan panna cotta anda sedia untuk diisi ke dalam ramekin, cawan pencuci mulut atau gelas sejurus selepas ditapis. Sejukkan sehingga set.

f) Lebih kurang 4 jam. Anda boleh menetapkan cawan pencuci mulut dengan mudah pada sudut untuk menjadi kreatif dengan panna cotta anda
g) Untuk membuat jeli, kembangkan gelatin dalam separuh daripada jus oren selama 5 minit
h) Didihkan air dan gula pada api yang tinggi sehingga sirap (tidak pekat), kemudian tuangkan campuran ini ke atas gelatin yang sedang mekar dan pukul untuk melarutkan gelatin sepenuhnya. Kacau dalam separuh baki jus dan biarkan campuran sejuk ke suhu bilik
i) Tuangkan adunan jeli yang telah disejukkan ke atas set panna cotta. Anda boleh tuangkan lapisan tebal atau nipis seperti yang dikehendaki. Biarkan jeli diletakkan pada panna cotta anda di dalam peti sejuk selama kira-kira setengah jam.
j) Hidangkan sejuk dan nikmati sebagai pencuci mulut

23. Panna cotta strawberi dengan kacang karamel

BAHAN-BAHAN:
- 200 gm kepingan Strawberi
- 60 gm gula
- Panna cotta
- 250 ml Susu
- 2 sudu kecil gelatin tanpa rasa
- 80 gm gula
- 1 paket kacang tanah hancur

ARAHAN:

a) Ambil kuali masukkan kepingan strawberi, tambah gula teruskan api masak 3 hingga 5minit setelah gula cair kemudian strawberi empuk membentuk tekstur juicy

b) Panaskan kuali tuang susu terus mendidih masukkan gula, sambil tu ambil mangkuk letak gelatin tuang air gaul rata masukkan gelatin ke dalam susu mendidih 2min.

c) Tuang ke dalam acuan biarkan 30minit kemudian tuangkan sos strawberi di atas pinggan tuang sos ke atasnya

d) Hiaskan kepingan kacang tanah yang telah dihancurkan, daun pudina di atasnya sedia untuk dihidangkan

24. Strawberi dan kiwi panna cotta

BAHAN-BAHAN:
- 1 cawan susu
- 1 cawan krim segar
- 1 sudu besar gelatin
- 3 sudu besar gula
- 1 buah kiwi dicincang
- 2-3 buah strawberi dicincang

ARAHAN:
a) Masukkan susu ke dalam kuali masukkan gelatin selama 4-5 minit untuk melembutkan gelatin.
b) Sekarang panaskan campuran susu hanya sehingga gelatin larut tetapi susu tidak mendidih kira-kira 4-5 minit.
c) Masukkan gula dan krim, gaul rata.
d) Keluarkan dari haba dan biarkan ia sejuk.
e) Tuangkan ke dalam gelas dan sejukkan selama 4-5 jam. tetapi tidak membekukannya.
f) Apabila sudah sejuk, hiaskan dengan kiwi dan strawberi yang dicincang.

25. Buttermilk Panna Cotta dengan Sos Citrus

BAHAN-BAHAN:
- 1 cawan Buttermilk
- 1/4 cawan Gula
- 1/2 cawan Krim Berat
- 1-2 helai Agar-Agar patah kasar

UNTUK SOS CITRUS
- 1 Oren
- 5-6 Segmen Jingga
- 3-4 sudu besar Gula

ARAHAN:

a) Panaskan krim pekat dan Gula dalam periuk. Masukkan Agar Agar sekarang. Biarkan ia larut. Teruskan mengacaunya. Ia akan mengambil masa satu hingga dua minit. Jangan rebus. Patutlah panas. Itu sahaja. Untuk ini tambahkan susu mentega. Kacau cepat. Minyakkan sedikit mangkuk anda di mana anda akan meletakkannya.

b) Tuangkan adunan ke dalamnya atau acuan ramekin individu seperti yang dikehendaki dan biarkan ia set. Panaskan Gula dan jus oren dalam periuk di atas api sederhana tinggi, kacau sekali-sekala sehingga Gula larut. Tambah segmen Oren juga.

c) Keluarkan dari api sebaik sahaja ia pekat. Sejukkan Panna Cotta selama sekurang-kurangnya 2-3 jam atau sehingga ditetapkan. Hidangkan sejuk dengan Sos Citrus.

26. Plum panna cotta

BAHAN-BAHAN:
- 1 cawan Krim Segar
- 1/4 cawan Dadih
- 3 sudu besar Gula
- 4-5 Esen Vanila
- 1 sudu besar Gelatin
- 5-6 Plum
- 1/4 cawan Gula
- 1/4 cawan air

ARAHAN:

a) Ambil krim segar dan gula ke dalam kuali sos dan panaskan dengan api perlahan sehingga gula larut. Tutup api dan ketepikan untuk sejuk.

b) Ambil gelatin dalam mangkuk kecil dan tambah 2-3 sudu besar air mendidih. Gaul rata dan ketepikan

c) Campurkan yogurt menggunakan pengisar tangan sehingga rata.

d) Sekarang masukkan yogurt ke dalam campuran krim segar dan gula dan gaul rata. Tambah gelatin dan ekstrak vanila dan sekali lagi campurkan semuanya dengan baik. Tapis adunan menggunakan kain muslin atau dalam penapis dan pindahkan ke acuan ramekin atau acuan silikon atau cawan muffin atau mangkuk kaca mengikut keinginan anda.

e) Sejukkan selama 2-3 jam atau sehingga set.

f) Jom buat sirap plum mudah untuk topping. Keluarkan plum dan pindahkan ke dalam periuk dengan gula dan air.

g) Rebus selama 5-10 minit atau sehingga gula larut dan ketepikan sehingga sejuk. Kisar semuanya menjadi puri halus dan panaskan semula selama 5-7 minit lagi. Sos Plum anda sudah siap.

h) Simpan di dalam peti sejuk sekali dan gunakan bila-bila masa diperlukan.

i) Sekarang langkah terakhir ialah mengatur Pana Cotta anda.

j) Angkat Pana Cotta anda ke dalam pinggan hidangan dan tambahkannya dengan Sirap Plum Sejuk dan hirisan plum segar.

27. Mango Panna Cotta dengan hiasan Gula Putar

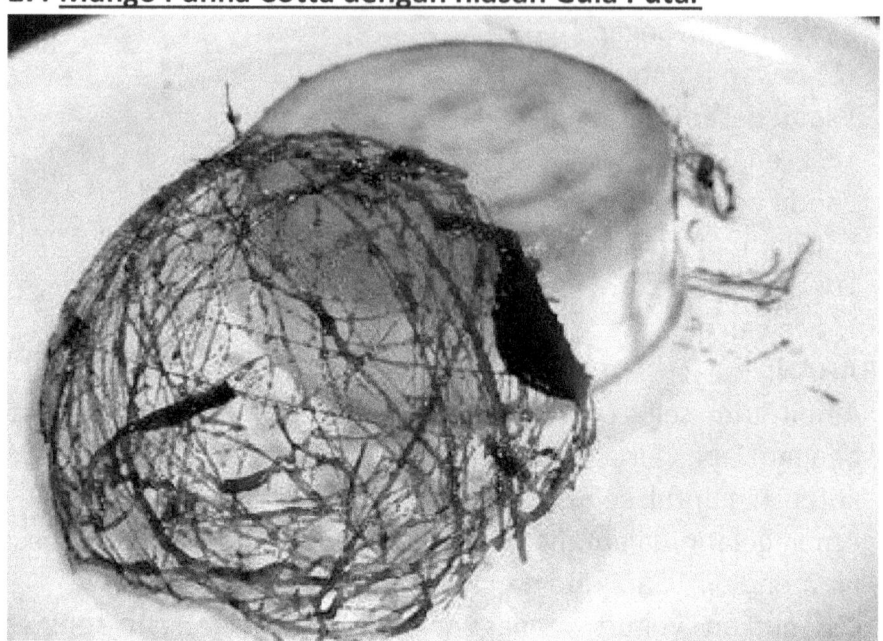

BAHAN-BAHAN:
LAPISAN MANGGA:
- 2 cawan puri mangga
- 2 sudu besar agar agar/gelatin/china gras
- 2 sudu besar air panas

UNTUK LAPISAN KRIM:
- 1 cawan susu penuh krim
- 1 cawan krim
- Ekstrak vanila
- secubit garam
- 1/2 cawan gula
- 2 sudu besar rumput cina
- 2 sudu besar air panas

HIASAN GULA
- 2 sudu besar gula

ARAHAN:

a) Ambil mangkuk besar masukkan rumput cina dan air dan rendam selama 15 minit. Selepas itu campurkan sepenuhnya. Setelah ia larut masukkan puri mangga dan gaul. Pastikan ia sebati sepenuhnya. Ambil segelas hidangan simpan dalam mangkuk dalam arah silang dan tuangkan campuran mangga di dalamnya sedikit dan sejukkan selama 2 jam.

b) Untuk lapisan Krim-2 sudu besar gelatin rendam dalam air panas dan ketepikan. Saya telah mengambil krim buatan sendiri. (Satu cawan krim disimpan dalam peti sejuk selama setengah jam. Selepas itu blend dalam mixer, anda akan mendapat krim segar.) Panaskan 1 cawan susu masukkan gula dan ketepikan. Gula harus dibubarkan sepenuhnya dan susu harus sejuk. Sekarang tambah ekstrak vanila dan gaul rata. Ambil mangkuk tambah krim susu manis gelatin air terlarut dan kacau dengan betul semua adunan hendaklah dicampur dengan betul.

c) Ambil segelas puri mangga dari peti sejuk tambah lapisan krim dan tetapkan lagi selama 2 jam sehingga ia set sepenuhnya. Hiaskan dengan sedikit mangga cincang
d) Ambil kuali masukkan gula dan panaskan sehingga mendidih tanpa mengacau warna karamel sederhana. Keluarkan dari api dan tuangkan karamel ke atas dulang gris dan buat reka bentuk mengikut pilihan anda. Biarkan ia mengeras dan pecah menjadi serpihan

28. Panna cotta kelapa dengan sayu nanas

BAHAN-BAHAN:
- 1 cawan santan
- 1 cawan krim berat
- 1 1/4 sudu kecil agar-agar
- 3 sudu besar gula
- 1 cawan nanas
- 1 sudu besar mentega
- 1 sudu besar gula perang

ARAHAN:

a) Masukkan krim, santan dan agar-agar ke dalam kuali besar. Pukul sehingga sebati dan ketepikan selama 15 minit.

b) Masukkan gula ke dalam kuali dan gaul rata. Kemudian hidupkan api ke sederhana. Panaskan sehingga gula dan agar-agar larut, kacau sentiasa sehingga ia mula mendidih.

c) Panaskan lagi 3-4 minit dengan api perlahan, kacau sentiasa dan tutup api.

d) Gunakan tumbuk halus dan tapis adunan ke dalam mangkuk yang bersih. Tuangkan adunan ke dalam gelas pilihan anda dan sejukkan sehingga panna cotta ditetapkan.

e) Untuk membuat sayu nanas, masukkan mentega dan gula perang ke dalam kuali dan panaskan dengan api sederhana. Teruskan kacau sehingga mentega cair dan gula larut.

f) Sekarang masukkan nenas (saya cincang halus, jika suka simpan ketulan yang lebih besar) ke dalam kuali, gaul rata dan teruskan masak sehingga nanas empuk.

g) Jika nanas tidak manis anda perlu menggunakan lebih sedikit gula. Sejukkan sehingga sejuk.

h) Masukkan sayu nanas di atas panna cotta dan hidangkan sejuk. Nikmati.

29. Tricolor Panna Cotta Delight

BAHAN-BAHAN:
UNTUK LAPISAN MANGGA
- 1 cawan puri mangga
- 2 sudu besar air
- 1 sudu kecil gelatin tidak berperisa atau gunakan 4 gm agar-agar rumput cina/agar
- mengikut citarasa Gula

UNTUK LAPISAN HIJAU(KHAS).
- 1 cawan krim berat
- 2-3 sudu besar sirap khas
- mengikut citarasa Gula
- 1 sudu kecil gelatin
- mengikut keperluan Sedikit titis warna makanan hijau (pilihan)

UNTUK LAPISAN KRIM VANILA
- 1 cawan krim berat
- mengikut citarasa Gula
- 1/2 sudu kecil esen vanila
- 1 sudu kecil gelatin

ARAHAN:
UNTUK LAPISAN MANGGA

a) Mula-mula dalam mangkuk kecil masukkan gelatin dan 2 sudu besar air, gaul rata dan biarkan selama 5 minit hingga kembang. Dalam kuali masukkan puri mangga, gelatin dan panaskan selama 2-3 minit dengan api perlahan.

b) Tutup api dan tuang adunan ke dalam sebarang bentuk acuan/gelas pilihan anda dan simpan di dalam peti sejuk untuk mengeras sepenuhnya.

UNTUK LAPISAN KHAS

c) Dalam mangkuk kecil masukkan gelatin gaul rata dan biarkan selama 5 minit hingga kembang. Seterusnya dalam periuk masukkan satukan krim kental, gula dan masak dengan api sederhana sehingga gula larut.

d) Apabila adunan mencapai takat didih matikan api, masukkan sirap khas, sedikit titis pewarna makanan hijau, (pilihan) agar-agar mekar dan kacau sehingga larut sepenuhnya.
e) Biarkan ia sejuk pada suhu bilik dan kemudian tuangkan campuran ini ke atas lapisan mangga dan sekali lagi simpan di dalam peti sejuk untuk ditetapkan.

UNTUK LAPISAN VANILA
f) Dalam mangkuk kecil masukkan gelatin gaul rata dan biarkan selama 5 minit hingga kembang. Seterusnya dalam periuk masukkan satukan krim kental, gula dan masak dengan api sederhana sehingga gula larut.
g) Apabila adunan mencapai takat didih matikan api, masukkan ekstrak vanila kembang gelatin dan kacau sehingga larut sepenuhnya. Biarkan ia sejuk pada suhu bilik dan kemudian tuangkan campuran ini ke atas lapisan khas dan sekali lagi simpan di dalam peti sejuk untuk ditetapkan sepenuhnya.
h) Panna Cotta Delight 3 lapis yang lazat sedia untuk dihidangkan.

30. Mango Lassi Panna Cotta

BAHAN-BAHAN:
- 2 biji mangga besar
- 1/4 cawan susu
- 2/3 cawan yogurt
- 1 cawan krim berat
- 2 sudu besar gula
- 1 sudu kecil serbuk Agar Agar
- 1 sudu kecil serbuk buah pelaga
- 3-4 helai kunyit

ARAHAN:

a) Rendam serbuk Agar Agar dalam air secukupnya supaya ia meresap dengan baik. Ia perlu.
b) Buat puri Mangga dengan mengupas, potong hirisan dan masukkan ke dalam pengisar untuk membuat puri
c) Dalam kuali masukkan Susu dan Krim Pekat dan biarkan mendidih dengan api sederhana.
d) Masukkan serbuk buah pelaga dan tali kunyit. Masukkan puree mangga dan yogurt dan pukul sebati semasa dalam api. Mengetepikan
e) Sejukkan selama 2-3 minit dan tapis adunan mangga
f) Griskan acuan. Tuang ke dalam acuan dan sejukkan semalaman
g) Hiaskan dengan hirisan kecil mangga dan daun pudina dan nikmati

31. Santan dan Oren Panna Cotta

BAHAN-BAHAN:
- 250 ml Santan
- 4-5 sudu besar Gula
- 1 Oren
- 2-3 helai Agar-Agar
- 1/2 cawan air

ARAHAN:

a) Rebus Santan dengan api perlahan dengan ditambah Gula bersama jus Oren yang baru diperah bersama kulitnya. Mengetepikan. Sementara itu, tambahkan setengah cawan air pada helai Agar-Agar yang dikoyakkan menjadi kepingan kecil. Biarkan ia mendidih pada api yang tinggi pada mulanya dan kemudian biarkan mendidih selama kira-kira 4-5 minit.

b) Adalah penting bahawa ia harus dibubarkan sepenuhnya dan hampir telus. Kemudian sedia untuk dicampurkan ke dalam santan dan jus oren.

c) Gaul sebati. Tambahkan ini pada mana-mana hidangan Kaca atau kuali Kek mengikut mana yang berguna. Biarkan ia sejuk sedikit dan simpan di tempat yang sejuk. Kemudian sejukkan sehingga sejuk.

d) Hiris dan nikmati!

32. Panna cotta delima

BAHAN-BAHAN:
- 1/2 pek krim segar
- 1 sudu besar gula
- 11/2 cawan susu
- 1 sudu kecil gelatin
- 1 cawan jus delima
- 1 sudu kecil esen vanila

ARAHAN:
a) Taburkan gelatin pada susu dan rehatkan selama 10 minit
b) Panaskan krim masukkan gula dan esen vanila
c) Campurkan campuran gelatin tuangkan ke dalam gelas
d) Masukkan dalam peti ais semalaman
e) Panaskan jus delima masukkan adunan gelatin tuangkan ke atas panna cotta anda
f) Masukkan ke dalam peti ais selama semalaman
g) Hiaskan dengan buah delima segar

33. Panna Cotta Hijau Dan Putih

BAHAN-BAHAN:
- 1 paket pisang jeli hijau
- 2 cawan air
- 1/3 cawan air masak
- 3 sudu kecil gelatin
- krim 400 ml
- 5 sudu besar gula atau mengikut citarasa
- 1 sudu kecil esen vanila

ARAHAN:
a) Didihkan air masukkan jeli dan kacau.
b) Letakkan jeli dalam gelas kecil di dalam peti sejuk selama 1/2 jam.
c) Larutkan gelatin dalam air panas.
d) Masukkan gula dan gaul rata.
e) Masukkan esen vanila dan gaul rata.
f) Masukkan krim dan gaul rata.
g) Tuangkan ke dalam peti sejuk jeli hijau sekali lagi dalam 1/2 jam.

34. Greek Yogurt Panna Cotta dengan Date Purée

BAHAN-BAHAN:
UNTUK PANNA COTTA:
- 1 cawan krim berat
- 1/3 cawan gula
- 1/8 sudu kecil garam
- 1 sudu kecil ekstrak vanila
- 1 sampul surat agar-agar tidak berperisa
- 2 cawan yogurt Yunani

UNTUK DATE PURÉE:
- 2 cawan kurma (pitting & rendam dalam air kemudian buat pes dalam blender)
- untuk rasa gula
- 1 sudu besar tepung jagung

ARAHAN:
a) Dalam mangkuk kecil campurkan 1 sampul gelatin dengan 3 sudu besar air dan ketepikan selama 5 minit.
b) Dalam kuali sos campurkan krim kental, gula, garam dan ekstrak vanila. Masak selama kira-kira 5 minit (sentiasa kacau) dengan api sederhana sehingga gula larut sepenuhnya. Anda tidak perlu mendidihkannya, tetapi panaskan secukupnya untuk mencampurkan semua bahan.
c) Matikan dapur dan masukkan gelatin yang telah dilarutkan ke dalam adunan, pukul sehingga sebati.
d) Tambah 2 cawan yogurt Yunani dan kacau dengan baik sehingga anda mempunyai konsistensi yang licin.
e) Bahagikan campuran ini kepada 4 gelas dan simpan dalam peti sejuk selama beberapa jam.

DATES PURÉE:
f) Dalam periuk sos campurkan gula kurma tulen dan Bawa ia mendidih dan masak selama kira-kira 3-4 minit.
g) Campurkan tepung jagung dengan 3 sudu besar air dan masukkan ke dalam sos. Kacau sebati seminit kemudian tutup api. Biarkan sos sejuk kemudian sudukan di atas Panna Cotta yang telah sejuk.
h) Tutup dengan bungkus plastik dan sejukkan selama beberapa jam lagi.
i) Sebelum menghidangkan pencuci mulut, letakkan kurma cincang dan daun pudina.

35. Panna tembikai cotta

Membuat: 1-2 hidangan

BAHAN-BAHAN:
- 1 suku tembikai
- 1-2 sudu besar gelatin
- untuk rasa Gula
- Untuk susu
- 2 cawan susu tepung
- 2 cawan air
- 2 sudu besar gelatin
- untuk rasa Gula

ARAHAN:
a) Basuh, potong dan hancurkan tembikai, anda boleh ayak untuk mengeluarkan biji (pilihan), larutkan gelatin dengan 2 sudu besar air suam dan masukkan tembikai hingga hancur, tambah gula mengikut citarasa anda, gaul dan tuangkan ke dalam cawan dan sejukkan dengan membengkokkan sedikit cawan di atas rak peti ais untuk mendapatkan bentuk panna cotta yang anda inginkan dalam cawan!

b) Dalam periuk sos masukkan air, gula dan susu, masukkan gelatin dan biarkan mendidih sambil dikacau, biarkan sejuk sepenuhnya, tuang susu dalam gel tembikai yang telah anda sejukkan

c) Sejukkan semula, keluarkan setelah ia mengeras dan menjadi sejuk, hiaskan panna-cotta dengan potongan tembikai, daun pudina segar dan taburan, kemudian anda hidangkan, selamat mencuba!

36. Laici mangga panna cotta

BAHAN-BAHAN:
- 1 buah mangga
- 12-15 biji laici
- 1 cawan krim putar
- 1 cawan susu
- 3 sudu kecil gula
- 3 sudu kecil serbuk gelatin

UNTUK HIASAN
- mengikut keperluan Coklat cip
- beberapa keping Cherry

ARAHAN:
a) Kupas mangga, keluarkan pulpa dan kisar teksturnya yang halus.
b) Ambil gelatin dalam 4 sudu kecil air dan kacau rata, campurkan dalam mangga dan pindahkan ke dalam gelas dan masukkan ke dalam peti sejuk selama 10 hingga 29 minit sehingga ia menjadi pekat.
c) Sekarang ambil laici dan kupas.
d) Kisar sebati dengan gula sahaja.
e) Lakukan proses gelatin yang sama untuk tekstur laici. Anda boleh membuat larutan gelatin dalam jus mangga dan laici juga.
f) Tuangkan tekstur laici dalam segelas mangga yang sama dan condongkan dari sisi yang berbeza dan letakkannya separuh, letakkan lagi peti sejuk.
g) Sekarang ambil susu, gula dan krim dan kisar dengan baik. Pindahkan ke dalam mangkuk dan lakukan gelatin bukti yang sama.
h) Keluarkan gelas, tuangkan tekstur krim susu ke gelas dan hiaskan dengan baik sebagai mood anda. Nikmati musim buah-buahan dalam gaya baharu.

37. Kesemak panna cotta

Membuat: 4 hidangan

BAHAN-BAHAN:
- 400 ml krim putar
- 1/3 cawan gula atau mengikut citarasa anda
- 3 sudu kecil gelatin atau Agar Agar

UNTUK PERSIMMON PURÉE
- 1/4 cawan air
- 2 buah kesemak saiz sederhana
- 2 sudu kecil Agar Agar atau gelatin

ARAHAN:
a) Dalam kuali kecil panaskan 350 ml krim putar. Ayak gula kacau perlahan-lahan.
b) Dalam mangkuk yang berasingan campurkan agar agar dengan 50 ml krim putar suam gaul rata sekarang masukkan campuran ini dalam adunan berkrim kuali selama 2 min, kacau. Biarkan sejuk sedikit.
c) Isikan ke dalam 4 gelas sehingga tepi dan biarkan panna cotta diletakkan di dalam peti sejuk - kira-kira sejam.
d) Potong kesemak dan kupas kulitnya. Kisar dengan air jika perlu sehingga menjadi puri.
e) Larutkan 2 sudu kecil serbuk Agar dalam 25 ml air suam, masukkan ke dalam puri kesemak. Kacau hingga sebati.
f) Isi ruang yang tinggal dalam gelas dengan puri kesemak. Biarkan di dalam peti sejuk selama kira-kira 2 hingga 4 jam atau sehingga set sepenuhnya.

38. Kastard dan Tembikai Panna cotta

Membuat: 4 hidangan

BAHAN-BAHAN:
- 500 ml susu
- 1 sudu besar serbuk kastard -
- Gula - mengikut citarasa anda
- Tembikai - 1 mangkuk besar, tanpa biji dan potong-potong
- 1/2 sudu garam batu
- 1 sudu besar daun pudina
- 1 sudu besar jus lemon

ARAHAN:
a) Ambil 1/2 cawan susu, masukkan serbuk kastard dan gaul rata.
b) Didihkan susu, masukkan susu kastard dan gula.
c) Selepas 5 minit matikan gas.
d) Sejukkan adunan.
e) Ambil 4 gelas, masukkan susu kastard dan masukkan ke dalam peti ais selama 4-5 jam.
f) Ambil balang, masukkan kepingan Tembikai, garam batu, daun pudina dan jus lemon dan tawar.
g) Sekarang masukkan campuran ini ke dalam gelas susu kastard dan letakkan di dalam peti sejuk selama 4-5 jam.
h) Hiaskan dengan daun pudina dan hidangkan sejuk.

39. Kolak Pear dalam Jeli Dengan Panna Cotta

Membuat: 8 hidangan

BAHAN-BAHAN:
KOMPOT PEAR DALAM JELI:
- 2 buah pir Asia
- 200 ml wain putih
- 60 gram Gula
- 10 ml jus lemon
- 2 gram kepingan gelatin

PANNA COTTA
- 200 ml krim kental
- 200 ml Susu
- 30 gram Gula
- 30 gram madu
- 6 gram kepingan gelatin

ARAHAN:
Buat kolak pir
a) Potong pir kepada 16 baji setiap satu, dan masukkan ke dalam kuali bersama bahan-bahan. Mula memasak dengan api besar.
b) Didihkan untuk menyejat alkohol dalam wain putih, kemudian reneh dengan api sederhana sehingga pir menjadi lut sinar. Buang apa-apa juga.
c) Pear akan menjadi lut sinar dalam beberapa minit. Tutup api dan biarkan sejuk dalam kuali.
d) Apabila ia telah menyejukkan ke suhu bilik, pindahkan pir bersama cecair pemburu haram ke dalam bekas simpanan, dan sejukkan di dalam peti sejuk.

Buat panna cotta:
e) Rendam 6g kepingan gelatin untuk panna cotta selama kira-kira 20 minit dalam air.
f) Panaskan bahan dengan api sederhana. Teruskan kacau sehingga gula larut sepenuhnya, dan tutup api. Sama sekali jangan biarkan ia mendidih.

g) Masukkan kepingan gelatin yang telah direndam ke dalam adunan panna cotta dan larutkan gelatin sepenuhnya. Tapis adunan ke dalam cawan.
h) Tutup dengan penutup dan sejukkan sehingga dimasukkan ke dalam peti sejuk.

Buat jeli:
i) Panaskan sirap dari kolak pir; jangan biarkan ia mendidih. Tambah 2 g kepingan gelatin yang dikhaskan untuk jeli, yang telah direndam dalam air terlebih dahulu.
j) Tuang ke dalam bekas dan masukkan ke dalam peti ais sehingga set.
k) Letakkan kolak pear di atas panna cotta. Masukkan jeli di atas hingga habis.
l) Kolak pir sedap sendiri sudah tentu.

COKLAT, BUTTERSCOTCH DAN KARAMEL

40. Panna cotta dengan sos karamel

Membuat: 6 Hidangan
BAHAN-BAHAN:
- 1 cawan Gula
- 1 cawan Air; atau lebih
- 1 cawan Air
- 2 sudu besar Air
- 4 sudu teh gelatin tanpa rasa
- 5 cawan krim putar
- 1 cawan Susu
- 1 cawan gula tepung
- 1 biji vanila; belah memanjang

ARAHAN:
UNTUK SOS:
a) Satukan 1 cawan gula dan ½ cawan air dalam kuali sos sederhana berat dengan api perlahan. Kacau sehingga gula larut. Besarkan api dan rebus tanpa kacau sehingga sirap bertukar ambar, sekali-sekala pusingkan kuali dan gosok ke bawah dengan berus pastri basah, kira-kira 8 minit. Keluarkan kuali dari haba.
b) Berhati-hati masukkan ½ cawan air. Panaskan kembali kuali dan biarkan mendidih, kacau untuk melarutkan sebarang kepingan karamel, kira-kira 2 minit.
c) Sejuk.

UNTUK PUDING:
d) Tuangkan 2 sudu besar air ke dalam mangkuk kecil. Taburkan dengan gelatin. Biarkan berdiri sehingga lembut, kira-kira 10 minit. Campurkan krim, susu dan gula dalam periuk besar yang berat. Kikis dalam biji dari kacang vanila; masukkan kacang.
e) Didihkan, kacau selalu. Keluarkan dari haba. Masukkan campuran gelatin dan kacau hingga larut. Keluarkan kacang vanila. Pindahkan adunan ke dalam mangkuk. Letakkan mangkuk di atas mangkuk air ais yang lebih besar. Biarkan sehingga sejuk, kacau sekali-sekala, kira-kira 30 minit. Bahagikan puding sama rata antara enam cawan kastard 10 auns. Tutup dan sejukkan semalaman.
f) Buka puding di atas pinggan. Siram dengan sos karamel dan hidangkan.

41. Coklat Panna Cotta

Membuat: 5 bahagian

BAHAN-BAHAN:
- 500 ml krim berat
- 10 g gelatin
- 70 g coklat hitam
- 2 sudu besar yogurt
- 3 sudu besar gula
- sedikit garam

ARAHAN:
a) Dalam sedikit krim, rendam gelatin.
b) Dalam periuk kecil, tuangkan baki krim. Didihkan gula dan yogurt, kacau sekali-sekala, tetapi jangan mendidih. Keluarkan kuali dari api.
c) Masukkan coklat dan gelatin sehingga ia larut sepenuhnya.
d) Isikan acuan dengan adunan dan sejukkan selama 2-3 jam.
e) Untuk melepaskan panna cotta dari acuan, siramkannya di bawah air panas selama beberapa saat sebelum mengeluarkan pencuci mulut.
f) Hias mengikut citarasa anda dan hidangkan!

42. Panna Cotta Coklat Tanpa Telur tanpa Krim

BAHAN-BAHAN:
- 80 g gula
- 800 ml susu
- 100 g coklat susu (pilihan)
- 1/4 cawan serbuk koko
- 1/4 sudu kecil garam
- 12 g kepingan gelatin/1½ sudu kecil serbuk gelatin

ARAHAN:
a) Masukkan Susu, serbuk koko, gula, coklat dan garam dalam periuk dengan api sederhana
b) Dan masak sehingga mendidih.
c) Kembangkan gelatin anda dan masukkan ke dalam adunan anda. +
d) (Campuran hendaklah panas)
e) Kacau sebati sehingga berkilat dan masukkan ke dalam hidangan.
f) Sejukkan selama 6 - 24 jam sehingga set.
g) Hidangkan sejuk.

43. Ferrero Rocher Panna Cotta

BAHAN-BAHAN:
UNTUK LAPISAN 1
- 2 cawan susu
- 1/8 cawan serbuk koko
- 1/2 cawan gula halus
- 3 sudu teh Nutella
- 30 gram coklat gelap, dicincang
- 1/2 sudu kecil agar agar
- 2 cawan susu

UNTUK LAPISAN 2
- 1/2 cawan gula halus
- 1/4 cawan serbuk koko
- 5 sudu kecil Nutella
- 60 gram coklat gelap, dicincang
- 1/2 sudu kecil agar agar
- 6 biji hazelnut karamel
- 3 biji ferrero rocher, belah dua

ARAHAN:

a) Untuk lapisan pertama, dalam kuali pukul susu dengan serbuk koko, gula, Nutella dan agar-agar.

b) Rebus adunan, sambil terus dipukul. Selepas ia mula mendidih, reneh selama 2 minit dan masukkan coklat gelap. Masak sehingga ia benar-benar cair.

c) Kemudian keluarkan gas dan tuangkan ke dalam acuan silikon yang telah digris.

d) Mereka akan diisi separuh jalan. Sejukkannya selama 10 minit.

e) Sementara itu, ulangi proses yang sama untuk lapisan kedua. Tuangkan adunan kedua ke atas lapisan pertama dan biarkan selama 6-8 jam di dalam peti sejuk.

f) Setelah betul betul terbalikkan acuan untuk mendapatkan panna cotta yang licin. Hiaskannya dengan hazelnut karamel dan Ferrero Rocher cincang.

g) Nikmati coklat gelap Ferrero Rocher Panna Cotta anda.

44. Butterscotch Panna cotta dalam tart biskut

BAHAN-BAHAN:
UNTUK TART BISKUT
- 2 paket biskut Bijih
- 10 biskut Marie
- 4 sudu besar mentega
- Sos butterscotch dan keropok
- 1/2 cawan kacang campur cincang
- 3 sudu besar Mentega
- 1 sudu besar krim segar

UNTUK ROSOGOLLA PANNACOTA
- 6 rosogolla bersaiz sederhana
- 300 gm krim segar
- 2 sudu besar susu pekat
- Gelatin yang diperlukan
- 1 sudu besar sos butterscotch

ARAHAN:

a) Pertama untuk tart biskut. Ambil biskut Oreo dan biskut Marie dan kisar berasingan dalam mixer. Kemudian masukkan mentega ke dalamnya. Gaul sebati. Kemudian letakkan dalam acuan. Dan biarkan ia diletakkan di dalam peti sejuk.

b) Untuk keropok butterscotch hancurkan kacang campuran.

c) Dalam kuali masukkan gula. Renjiskan sedikit air apabila ia menjadi karamel. Masukkan kacang. Kemudian masukkan mentega.

d) Kemudian ratakan adunan di atas pinggan dan biarkan ia sejuk. Kemudian keluarkan dan masukkan ke dalam foil atau beg plastik dan hancurkan. Ketepikan

e) Sekarang untuk Pannacotta. Masukkan krim segar dalam kuali. Terus kacau. Bila dah mendidih masukkan 1 sudu kecil sos butterscotch.

f) Kemudian masukkan sedikit susu pekat. Gaul sebati. Sekarang masukkan gelatin. Padamkan api. Sekarang masukkan keropok butterscotch gaul rata. Simpan sedikit untuk hiasan.

g) Sekarang dalam mangkuk pertama masukkan adunan kemudian separuh daripada rosogolla. Kemudian sekali lagi letakkan campuran dan sekali lagi, rosogolla. Hiaskan baki keropok butterscotch. Biarkan dalam peti ais
h) Untuk hidangan. Ambil tart biskut kemudian letakkan sebahagian daripada Pannacotta di atasnya.

45. Panna Cotta Itali dengan coklat gelap Lindt

BAHAN-BAHAN:
- 2 sudu besar air sejuk
- 1 sudu besar serbuk Agar Agar
- 2 cawan krim berat
- 1/4 cawan gula
- 1 sudu kecil esen vanila
- seperti yang diperlukan maleate coklat gelap Lindt
- buah-buahan yang diperlukan untuk hiasan

ARAHAN:
a) Letakkan air dalam mangkuk kecil dan agar-agar dan biarkan agar-agar mekar selama 5-7 minit.
b) Dalam kuali api sederhana krim, gula, esen vanila, dengan api sederhana dan biarkan mendidih sehingga gula larut. Kacau gelatin dan segera pukul sehingga rata dan larut.
c) Jika gelatin belum larut sepenuhnya, kembalikan periuk ke dalam dapur dan panaskan perlahan-lahan dengan api yang perlahan. Kacau sentiasa dan jangan biarkan adunan mendidih.
d) Tuangkan krim ke dalam 3 hidangan hidangan individu. Sejukkan sekurang-kurangnya 2-4 jam, atau sehingga set sepenuhnya.
e) Hiaskannya dengan bahagian atas dengan coklat gelap maleate Lindt, kiub kiwi dan ceri.

46. Panna Cotta Coklat Putih

BAHAN-BAHAN:
- 3 cawan krim lebih tebal
- 1 cawan susu penuh lemak
- 250 gram coklat putih
- 4 sudu kecil. agar agar
- 1 sudu kecil ekstrak vanila

ARAHAN:

a) Cincang kasar coklat dan letak dalam mangkuk dan ketepikan untuk kemudian.

b) Campurkan bahan-bahan lain dalam kuali dan biarkan mendidih dengan api sederhana, kacau sekali-sekala.

c) Apabila adunan telah mendidih, keluarkan kuali dari api. Masukkan coklat cincang kasar ke dalam adunan dan kacau sehingga coklat larut.

d) Tuangkan adunan ke dalam acuan atau ramekin dan letakkan di dalam peti sejuk selama sekurang-kurangnya 4 jam untuk ditetapkan.

e) Angkat dan hidangkan bersama kolak buah dan buah-buahan pilihan anda.

47. Panna Cotta coklat putih dengan sos blueberry

BAHAN-BAHAN:
- 100 ml Susu
- 300 ml krim putar berat
- 100 gm coklat putih
- 70 gm gula kastor
- 3 sudu kecil gelatin kuasa
- 1 cawan BLUBERRY
- 2 sudu besar gula pasir
- 1 sudu kecil esen vanila

ARAHAN:
a) Panaskan susu dalam kuali.
b) Masukkan gelatin di dalamnya.
c) Kacau secara berterusan sehingga gelatin benar-benar bercampur.
d) Sekarang tambah krim dan apabila gelembung mula berhenti mendidih.
e) Masukkan coklat putih dan vanila.
f) Apabila sebatian coklat cair sepenuhnya tapiskan keseluruhan adunan untuk mendapatkan adunan yang licin.
g) Tuangkan dalam acuan muffin dan simpan dalam peti sejuk selama 1 jam.
h) Sementara itu panaskan blueberry, gula pasir dalam kuali dan buat sos seperti konsisten.
i) Demold panna, Cotta.
j) Tuangkan sos ke atas panna Cotta.
k) Nikmati panna Cotta berbentuk hati bersama orang tersayang.

48. Panna Cotta Dengan Sos Butterscotch

Membuat: 4 hidangan

BAHAN-BAHAN:
Untuk Puding
- 1 cawan susu penuh
- 1 cawan krim segar (35% lemak susu)
- 1/3 cawan Gula
- 2 sudu teh serbuk gelatin
- 2-3 titik esen vanila
- 1 secubit Garam

Untuk Sos
- 1/2 cawan Gula
- 2 sudu besar Mentega
- 2 sudu besar air panas
- 1/2 cawan krim segar (35% lemak susu)
- 1/4 sudu teh esen vanila
- 1 secubit Garam
- Untuk berkhidmat
- 1/4 cawan kacang gajus, panggang

ARAHAN:

UNTUK PUDING -

a) Tuang susu, krim segar, gula dan esen vanila ke dalam periuk sos. Panaskan adunan dengan api perlahan sehingga ia suam. Taburkan gelatin ke atas adunan dan kacau sehingga gelatin larut. Jangan biarkan adunan mendidih.

b) Masukkan garam dan gaul rata. Tapis adunan dan tuangkan ke dalam mangkuk individu, biarkan sejuk. Sejukkan dalam peti sejuk selama kira-kira 4 jam atau semalaman.

UNTUK SOS -

c) Satukan gula dan sedikit air dalam periuk sos. Apabila gula cair dan menjadi warna perang muda masukkan mentega dan pukul. Masukkan 2 sudu besar air panas dan pukul hingga rata.

d) Masukkan krim segar dan pukul lagi selama beberapa saat sehingga sos pekat sedikit. Angkat dari api, masukkan esen vanila dan garam. Simpan pada suhu bilik.

UNTUK BERKHIDMAT,

e) tuangkan sos ke atas puding dan hiaskan dengan kacang gajus.

KOPI DAN TEH

49. Teh Susu Buih Panna Cotta

Membuat: 6

BAHAN-BAHAN:
TEH SUSU PANNA COTTA
- 3 sudu besar air
- 1 paket gelatin (0.25 oz) 8 g atau 4 kepingan gelatin emas
- 15 g daun teh hitam Saya menggunakan gabungan Ceylon OP dan **ASSAM TEA**
- 1 ½ cawan susu penuh krim
- ⅓ cawan gula putih atau gula perang
- Secubit garam
- 1 sudu kecil vanila
- 1 ½ cawan krim putar 35% lemak

MUTIARA BOBA GULA MERAH
- ¾ cawan gula perang 150 g gula perang
- 3 sudu besar air
- Secubit garam
- ½ cawan mutiara boba Anda boleh menggunakan tukang masak cepat, atau mutiara boba biasa atau buatan sendiri

ARAHAN:
TEH SUSU PANNA COTTA

a) Letakkan air dalam mangkuk dan taburkan gelatin di atas permukaan. Campurkan dengan pencungkil gigi untuk mengenyangkan gelatin di dalam air. Biarkan selama sekurang-kurangnya 10 minit untuk membiarkan gelatin.

b) Letakkan susu dalam periuk. Panaskan susu dengan api sederhana, dengan penutupnya.

c) Apabila susu mendidih, segera tutup api dan masukkan daun teh.

d) Kacau daun teh dalam susu. Tutup periuk dan biarkan teh curam selama 10 - 15 minit.

e) Tapis susu ke dalam jag penyukat untuk mengasingkan daun teh. Tekan perlahan-lahan daun teh untuk mengeluarkan lebih sedikit susu.

f) Basuh periuk, dan masukkan semula susu ke dalamnya. Masukkan gula, gelatin kembang, garam dan vanila.
g) Panaskan campuran di atas api sederhana, sambil kacau, untuk membubarkan gula dan gelatin. Panaskan adunan SAHAJA sehingga gula dan gelatin larut. JANGAN biarkan adunan mendidih.
h) Apabila gula dan gelatin dibubarkan, keluarkan periuk dari api.
i) Masukkan krim putar, dan kemudian pindahkan susu ke dalam jag besar.
j) Sediakan hidangan hidangan berkapasiti 6 x ½ cawan. Jika anda ingin membuka acuan panna cotta, pilih acuan logam atau silikon dengan dinding nipis. Mentegakan bahagian tepi hidangan ini dengan lapisan lemak yang sangat nipis. (Jika anda tidak membongkar, dan hanya menghidangkan panna cotta di dalam pinggan, maka anda tidak perlu mengoleskan mentega di sisi hidangan tersebut).
k) Bahagikan campuran panna cotta antara enam hidangan.
l) Biarkan adunan sampai ke suhu bilik. Tutup setiap hidangan dengan bungkus plastik dan letakkan di atas dulang. Pindahkan dulang ini ke dalam peti sejuk, dan biarkan panna cotta set semalaman.

MUTIARA BOBA GULA MERAH

m) Mula memasak mutiara boba mengikut arahan pakej.
n) Mutiara boba buatan sendiri ini akan mengambil masa yang lebih lama untuk dimasak, jadi anda perlu memasaknya SEBELUM anda membuat sirap.
o) Masukkan gula, garam dan air ke dalam periuk. Panaskan dengan api sederhana tinggi sambil dikacau untuk mencairkan gula.
p) Kecilkan api ke sederhana, dan teruskan mendidih sirap gula. Rebus sirap gula sehingga pekat dan sirap (sirap akan menjadi kurang pekat apabila anda memasukkan mutiara boba). Mengetepikan.
q) Letakkan mutiara boba yang dimasak dalam air sejuk, dan kemudian toskan airnya. Pindahkan mutiara boba ke dalam

sirap gula perang dan kacau hingga menyalut. Biarkan sejuk sehingga boba pearls suam sikit.

MENYELESAIKAN PANNA COTTA

r) Sediakan mangkuk dengan air suam. Turunkan acuan panna cotta ke dalam air.

s) Perlahan-lahan putar acuan di dalam air selama beberapa saat.

t) Terbalikkan acuan di atas hidangan dan goncangkan sedikit. Ini sepatutnya perlahan-lahan melepaskan panna cotta dari acuan. Jika tidak, kembalikan ke dalam mangkuk air suam selama beberapa saat lagi.

u) Sudukan beberapa biji mutiara boba gula perang di atas panna cotta teh susu. Jika anda ingin panna cotta menjadi lebih manis, sudukan sedikit sirap gula perang di atasnya juga.

50. Kopi Panna Cotta dengan Kahlúa

BAHAN-BAHAN:
- 2 sudu teh Serbuk Gelatin
- 2 sudu besar Air
- 1/2 cawan Kopi Kuat
- 1/2 cawan Susu
- 1/4 cawan Gula Kastor
- 1 cawan Krim Pekat
- 1 sudu teh Ekstrak Vanila
- Kahlúa

ARAHAN:
a) Taburkan Serbuk Gelatine ke dalam Air dalam mangkuk kecil dan rendam selama 5-10 minit.
b) Letakkan Kopi Kuat, Susu, Gula dan Vanila dalam periuk, dan panaskan dengan api sederhana, kacau, dan masak sehingga mendidih.
c) Keluarkan dari api.
d) Masukkan Gelatine yang telah direndam, gaul rata sehingga gelatin larut, kemudian masukkan Krim dan gaul hingga sebati.
e) Tuangkan adunan ke dalam gelas hidangan. Letakkannya di dalam peti sejuk dan biarkan untuk ditetapkan.
f) Hidangkan bersama Kahlúa ATAU Sirap Kopi. Sirap Kopi boleh dibuat dengan mudah dengan mencampurkan bahan-bahan dalam periuk dan masak selama beberapa minit. Sejukkan sepenuhnya sebelum digunakan.

51. Mocha Panna Cotta

BAHAN-BAHAN:
- 400 ml air
- 800 ml krim tunggal
- 200 ml gula
- 2 sudu kecil serbuk coklat panas
- 2 sudu kecil Kopi
- Gelatin
- Minuman kopi
- Ekstrak vanila

ARAHAN:

a) Rendam daun gelatin dalam air selama 10min. Didihkan air 200ml dan masukkan dua sudu kopi dan 100ml gula atau lebih (ikut citarasa anda), tutup api dan masukkan 400ml krim tunggal perlahan-lahan kerana anda tidak berhenti kacau dengan baik.

b) Masukkan sedikit vanila dan separuh daripada daun gelatin yang telah direndam. Pastikan cecair sebati dan tuangkan ke dalam cawan atau gelas apa yang anda suka. Biarkan dalam peti ais selama 2 jam.

c) Kemudian lakukan perkara yang sama tetapi bukannya kopi, tambah coklat panas ke dalam air. Apabila lapisan kopi sudah cukup sejuk letakkan di atas coklat dan biarkan selama 2-3 jam lagi.

d) Anda memerlukan dua lapisan jelas berasingan, satu kopi dan satu coklat panas.

e) Tambah ke atas minuman teh minuman keras kopi dan nikmati rasa mocha yang sejuk.

52. Espresso panna cotta

Membuat: 4 hidangan

BAHAN-BAHAN:
- 2 cawan krim kental
- ¼ cawan krim pekat; sejuk
- ¼ cawan biji espreso segar; dikisar kasar
- 1 biji vanila; belah memanjang
- 1 sudu besar gelatin tidak berperisa
- ½ cawan Gula

ARAHAN:
a) Letakkan 2 cawan krim dan kacang espresso dalam periuk sederhana.
b) Kikis kacang vanila dan masukkan biji dan kacang penuh ke dalam adunan krim dan biarkan mendidih. Keluarkan dari api, tutup dan biarkan campuran curam selama 30 minit.
c) Keluarkan kacang vanila dan tapis adunan melalui penapis halus ke dalam periuk bersih dan biarkan mendidih.
d) Taburkan gelatin ke atas baki ¼ cawan krim sejuk, dan biarkan selama 5 minit. Kembalikan krim espresso kepada reneh.
e) Pukul gelatin dan gula yang telah dilarutkan sehingga rata. Tuangkan adunan ke dalam empat ½ cawan ramekin.
f) Sejukkan sehingga ditetapkan, sekurang-kurangnya 2 jam.

53. Pencuci mulut panna cotta kopi Itali

Membuat: 2 hidangan

BAHAN-BAHAN:
- 1 1/2 cawan krim berat
- 1/2 cawan gula
- 1/4 cawan air panas
- 2 sudu kecil serbuk kopi segera
- 2 sudu kecil gelatin
- seperti yang diperlukan Sirap coklat
- 1/4 sudu kecil esen vanila

ARAHAN:

a) Ambil 5 sudu besar air panas dalam secawan masukkan serbuk kopi segera kacau rata dan ketepikan,

b) Sekarang ambil 1/4 cawan air panas masukkan gelatin kacau rata sehingga ia larut dan ketepikan.

c) Sekarang dalam kuali sos ambil krim kental panaskan kuali dengan api kecil biarkan mendidih, masukkan gula, terus kacau sehingga gula larut, terus kacau 3-4 minit lagi keluarkan dari api.

d) Untuk ini masukkan campuran kopi segera, gelatin yang dilarutkan dalam air dan esen vanila, tapis adunan ini tuangkan ke dalam acuan mangkuk, biarkan sejuk sedikit, tutup dengan bungkus plastik dan sejukkan selama 4 jam,

e) Angkat perlahan-lahan sirap coklat di atasnya dan hidangkan sejuk.

54. Teh Panna Cotta

BAHAN-BAHAN:
- 2-3 uncang teh
- 1 sudu kecil. halia, parut
- 2-3 buah pelaga, lebam
- 500 ml. susu penuh lemak
- 1 cawan air panas
- 1 1/2 sudu besar. serbuk agar-agar
- 1/2 cawan gula perang serbuk atau secukup rasa
- 1/4 sudu kecil. serbuk kayu manis
- 1/2 sudu kecil. esen vanila
- buah-buahan kering dicincang untuk hiasan

ARAHAN:
a) Tuangkan air panas ke atas uncang teh, halia & buah pelaga. Ketepikan selama 30 minit untuk dibancuh.
b) Tapis dan ketepikan cecair.
c) Didihkan susu. Masukkan gula & serbuk kayu manis. Kacau berterusan. Masukkan esen vanilla dan ketepikan sehingga sejuk.
d) Campurkan agar agar dalam baki air panas. Masukkan ke dalam susu yang telah disejukkan, gaul rata dan tuangkan ke dalam gelas individu. Sejukkan untuk ditetapkan.
e) Hiaskan dengan kacang cincang dan hidangkan.

BIJIRIN PANNA COTTA

55. Panna cotta susu bijirin

Membuat: 4

BAHAN-BAHAN:
- 1½ helai gelatin
- 1¼ cawan Susu Bijirin
- 25 g gula perang ringan
- 1 sudu teh serbuk espresso
- 1 secubit garam halal

ARAHAN:
a) Panaskan sedikit susu bijirin dan pukul agar larut.
b) Pukul dalam baki susu bijirin, gula perang, serbuk espresso, dan garam sehingga semuanya larut, berhati-hati agar tidak memasukkan terlalu banyak udara ke dalam adunan.
c) Letakkan 4 gelas kecil pada permukaan yang rata dan boleh diangkut.
d) Tuangkan campuran susu bijirin ke dalam gelas, isikan sama rata.
e) Pindahkan ke peti sejuk untuk ditetapkan selama sekurang-kurangnya 3 jam, atau semalaman.

56. Bijirin Panna Cotta

BAHAN-BAHAN:
- 250 g Krim Sebat Berat
- 250 g Susu Penuh
- Bijirin Pilihan Anda, 50g + Lagi Untuk Hiasan
- 75 g Gula Demerara
- 5 g Lembaran Gelatin

ARAHAN:

a) Dalam mangkuk besar, masukkan krim dan susu. Kacau hingga sebati. Masukkan bijirin pilihan anda.

b) Ketepikan selama 30 minit untuk membenarkan bijirin diselit dengan campuran susu krim. Sapukan adunan melalui 'ayak halus di atas periuk sos. Menggunakan bahagian belakang sudu dan memerah sebanyak mungkin cecair. Tetapi jangan berlebihan.

c) Anda boleh memilih untuk makan bijirin basah atau buang. Masukkan gula. Hidupkan api ke sederhana. Kacau untuk melarutkan gula dan biarkan campuran krim-susu sehingga mendidih.

d) Semasa itu berlaku, kembangkan kepingan gelatin dalam semangkuk air. Setelah campuran susu krim mendidih, keluarkan dari api.

e) Perah lebihan air daripada gelatin yang telah kembang dan masukkan ke dalam campuran susu krim. Kacau untuk melarutkan gelatin.

f) Sapukan campuran susu krim melalui 'ayak halus ke atas ramekin. Buang sebarang sisa. Sejukkan panna cotta di dalam peti sejuk sekurang-kurangnya 6 hingga 8 jam. atau lebih baik semalaman.

g) Apabila hendak menghidang, masukkan air panas ke dalam mangkuk cetek.

h) Biarkan ramekin panna cotta dalam mandian air panas selama kira-kira 45 saat hingga 1 minit. Sebaik sahaja panna cotta boleh mula bergoyang, keluarkan dari tab mandi air.

i) Jangan biarkan terlalu lama di dalam tab mandi air panas, atau panna cotta akan cair.
j) Berhati-hati flip dan tanggalkan acuan ke atas pinggan hidangan.
k) Hiaskan dengan beberapa bijirin hancur. Hidangkan segera.

57. Nasi Panna cotta

BAHAN-BAHAN:
- 1 cawan nasi masak
- 2 sudu besar gula
- 2 sudu besar minyak sapi
- 2 sudu besar susu tepung

ARAHAN:

a) Masukkan beras dan gula ke dalam balang pengadun dan kisar. Kemudian masukkan susu tepung dan bancuhan nasi bersama minyak sapi ke dalam mangkuk dan tumis hingga sebati. Apabila adunan meninggalkan minyak sapi, keluarkan dari gas dan tuangkan ke dalam acuan.

b) Letakkannya di dalam peti sejuk selama 20-30 minit. Nasi Panna cotta sedia untuk dihidangkan.

PANNA COTTA CHEESY

58. Mascarpone panna cotta

Membuat: 6 Hidangan
BAHAN-BAHAN:
- 12 oz beri campuran beku, dicairkan dan toskan
- 3 sudu besar gula
- Semburan masak sayur
- 1 sudu besar susu
- 1¼ sudu teh gelatin tidak berperisa
- 1 ¼ cawan krim putar
- ⅓ cawan susu
- 1 sudu besar vanila
- ¼ cawan gula
- ¼ cawan keju mascarpone
- ¼ cawan krim masam

ARAHAN:

a) Letakkan beri campuran dalam mangkuk kecil dan hancurkan sedikit dengan belakang sudu.
b) Kacau dalam 3 sudu besar gula. Tutup dengan bungkus plastik dan ketepikan.
c) Sembur empat ¾ cawan ramekin dengan semburan masak.
d) Dalam mangkuk kecil, tuangkan 1 sudu susu.
e) Taburkan gelatin dan biarkan ia lembut, kira-kira 10 minit.
f) Sementara itu, satukan krim, ⅓ cawan susu, vanila dan ¼ cawan gula dalam periuk.
g) Didihkan dengan api sederhana tinggi, kacau selalu.
h) Angkat dari api, masukkan adunan gelatin dan kacau hingga cair. Biarkan adunan sejuk. Dalam mangkuk bersaiz sederhana, pukul bersama keju mascarpone dan krim masam sehingga rata.
i) Masukkan campuran krim panas perlahan-lahan ke dalam mangkuk, kacau sentiasa.
j) Tuangkan adunan ke dalam ramekin yang telah disediakan.
k) Sejukkan sehingga sejuk dan set.
l) Jalankan pisau kecil di sekeliling tepi ramekin untuk melonggarkan panna cotta.
m) Terbalikkan ramekin ke atas pinggan. Sudukan sos beri di atas panna cotta. Hidang.

59. Buttermilk Goat Cheese Panna Cotta dengan Ara

Membuat: 6-8 hidangan

BAHAN-BAHAN:
PANNA COTTA:
- 2 cawan krim berat
- 2/3 cawan gula
- ¼ sudu kecil garam halal
- 1 cawan buttermilk
- 2 sudu kecil gelatin serbuk biasa
- ¼ sudu kecil kulit oren parut halus
- 4 oz krim, keju kambing segar, dilembutkan pada suhu bilik

KACANG:
- ½ cawan pistachio
- 2 sudu kecil mentega tanpa garam, cair
- Garam kosher

TOPIS LAIN:
- Madu bunga oren
- Buah ara segar, dipotong menjadi kepingan

ARAHAN
a) Panaskan asas krim: Masukkan krim, gula dan garam ke dalam periuk. Didihkan dengan api sederhana, kacau sekali-sekala.
b) Gelatin mekar: Letakkan susu mentega dalam cawan. Taburkan gelatin di atas. Biarkan kembang selama 5-10 minit sementara krim menjadi reneh.
c) Campurkan asas panna cotta: Apabila krim mendidih, kecilkan api dan pukul dalam campuran susu mentega/gelatin. Kacau dalam kulit oren. Pukul sehingga gelatin larut. Letakkan keju kambing yang telah dilembutkan dalam mangkuk. Pukul campuran krim ke dalam keju kambing, satu sudu pada satu masa, sehingga sebati sepenuhnya.
d) Tapis dan tuang: Tapis asas panna cotta melalui ayak ke dalam cawan penyukat cecair yang besar. Tuangkan adunan ke dalam gelas atau ramekin yang dikehendaki. Ini cukup untuk 6-8 hidangan. Sejukkan pada suhu bilik. Letakkan di dalam peti

sejuk untuk menyejukkan dan sediakan sepenuhnya selama beberapa jam atau idealnya semalaman.

e) Bakar pistachio: Semasa panna cotta disediakan, bakar pistachio. Panaskan ketuhar hingga 350°F. Letakkan kacang pada lembaran pembakar yang dialas kertas. Lumurkan di atas mentega cair dan perasakan dengan garam. Lambung. Bakar kira-kira 8-10 minit atau sehingga perang keemasan. Sejukkan pada suhu bilik dan simpan dalam bekas kedap udara.

f) Hidangkan: Untuk menghidangkan, atas panna cottas dengan buah ara dan kacang, dan gerimis di atas madu. Nikmati.

60. Tiramisu Panna Cotta

Membuat: 6 Hidangan

BAHAN-BAHAN:
UNTUK PANNA COTTA
- 1 cawan Susu, dibahagikan
- 1 cawan Krim Sebat Berat
- 1/4 cawan Keju Mascarpone
- 1.5 sudu besar serbuk Kopi Segera
- 2 sudu besar Kahlua Liqueur atau Coffee Liqueur
- 1/3 cawan + 2 sudu besar Gula Perang atau gula biasa
- 1.5 sudu teh serbuk agar agar atau gelatin sayuran tanpa perisa
- 1 sudu besar serbuk koko untuk habuk

SIRAP KOPI
- 1/2 cawan kopi yang dibancuh kuat
- 1/2 cawan Gula Perang atau gula biasa
- 2 sudu kecil esen vanila

ARAHAN
a) Satukan serbuk kopi dan gula perang dalam kuali.
b) Masukkan 1 sudu teh air dan panaskan sehingga gula larut sepenuhnya.
c) Tanggalkan api dan tuangkan minuman keras Kahlua. Pukul sebati dan ketepikan.
d) Taburkan serbuk agar-agar dalam 1/2 cawan susu. Biarkan ia mekar selama 5 minit.
e) Sementara itu satukan baki 1/2 cawan susu dengan keju mascarpone dan krim dalam periuk.
f) Pukul sebati. Campuran hendaklah bebas ketulan.
g) Tuangkan adunan agar-agar +susu ke dalam adunan ini. Pukul sebati.
h) Masak dengan api perlahan sehingga agar agar-agar larut sepenuhnya dan adunan hampir mendidih.
i) Jangan biarkan ia mendidih.
j) Tuangkan adunan gula+kopi. Terus kacau.

k) Apabila adunan menyaluti bahagian belakang sudu anda, matikan api. Jangan terlalu masak.
l) Campuran akan lebih pekat selepas disejukkan.
m) Konsistensi Panna cotta sebelum disejukkan.
n) Griskan mangkuk ramekin dengan mentega. Tuangkan panna cotta dalam ramekin atau mana-mana mangkuk kaca dan biarkan ia mengeras selama 1- 3 jam. Dengan agar-agar panna cotta set lebih cepat. Tutup ramekin dengan bungkus plastik untuk mengelakkan kulit daripada terbentuk di atas.
o) Set tiramisu Panna Cotta yang cantik.
p) Sejurus sebelum dihidangkan - 1. jalankan pisau dengan berhati-hati di sepanjang ramekin untuk melonggarkan panna cotta. 2. dan letakkan ramekin dalam air panas untuk menyelak panna cotta dari mangkuk.
q) Buka acuan ramekin di atas pinggan hidangan. Panna cotta harus bergoyang keluar dari ramekin.

61. Panna cotta keju biru dengan pir

Membuat: 8 hidangan

BAHAN-BAHAN:
- Minyak zaitun, untuk gris
- 1 1/2 cawan susu
- 1 1/2 cawan krim nipis
- 1/3 cawan gula halus
- 1 biji vanila, belah
- 80g keju biru, dicincang halus
- 2 sudu besar air mendidih
- 3 sudu kecil serbuk gelatin
- 2 biji pir masak, dibelah dua, dibuang biji, dihiris nipis memanjang, untuk dihidangkan

ARAHAN

a) Sapu lapan acuan logam atau plastik dariol berkapasiti 125ml (1/2 cawan) dengan minyak untuk melincirkan sedikit. Letak atas dulang. Satukan susu, krim, gula dan kacang vanila dalam periuk dengan api sederhana. Masak, kacau sekali-sekala, selama 10 minit atau sehingga gula larut. Keluarkan dari haba.

b) Masukkan keju biru dan kacau sehingga keju cair. Tapis adunan melalui ayak halus ke dalam mangkuk kaca kalis haba yang besar.

c) Letakkan air dalam mangkuk kecil kalis haba. Taburkan dengan gelatin dan pukul dengan garpu untuk mengeluarkan sebarang ketulan. Ketepikan selama 3 minit atau sehingga gelatin larut dan adunan jernih.

d) Pukul gelatin secara beransur-ansur ke dalam adunan krim sehingga sebati. Senduk adunan sama rata di antara acuan yang disediakan. Tutup dengan bungkus plastik dan letakkan di dalam peti sejuk selama 6 jam untuk ditetapkan.

e) Celupkan acuan, 1 pada satu masa, ke dalam air panas selama 1-2 saat, kemudian putar ke pinggan hidangan. Hidangkan bersama hirisan pear.

62. Krim Keju Panna Cotta

Membuat: 6 hidangan

BAHAN-BAHAN:
- 100 gram keju krim
- 100 ml krim kental
- 300 ml Susu
- 50 gram gula pasir
- 1 sudu besar jus lemon
- 1 ekstrak vanila
- 2 sudu besar Air (untuk gelatin)
- 5 gram serbuk gelatin
- 60 gram gula pasir (untuk karamel)

ARAHAN:
a) Buat sos karamel Bahagikan gula pasir yang digunakan untuk karamel kepada 4 bahagian.
b) Masukkan 1/4 gula pasir ke dalam periuk, panaskan, dan gaul sehingga ia bertukar menjadi perang.
c) Tambah keempat seterusnya, dan sebaik sahaja ia bertukar coklat tambah seterusnya. Teruskan sehingga anda telah menambah semua gula. Sebaik sahaja ia mula menggelegak, hentikan haba.
d) Tuangkan ke dalam ramekin semasa masih panas.
e) Larutkan gelatin dalam air dan ketepikan.
f) Satukan krim keju dan gula pasir dan campurkan menjadi krim.
g) Masukkan jus lemon.
h) Masukkan separuh susu ke dalam periuk dan panaskan sejurus sebelum mendidih. Masukkan gelatin dan larutkan.
i) Masukkan adunan sedikit demi sedikit, kemudian masukkan baki susu, krim kental dan ekstrak vanila. Gaul sebati.
j) Tuang adunan dari ke dalam ramekin. Letakkan di dalam peti sejuk untuk menyejukkan. Apabila ia mengeras, ia akan lengkap!

PANNA COTTA NUTTY

63. Panna Cotta Badam dengan Sos Mocha

Membuat: 6

BAHAN-BAHAN:
- 1 cawan badam yang dicelur, dibakar
- ⅔ cawan gula
- 1 sampul surat agar-agar tidak berperisa
- 2 cawan krim putar
- ½ cawan susu
- ⅛ sudu teh garam
- Badam dihiris, dibakar

SOS MOCHA
- 4 auns coklat pahit atau separuh manis dicincang
- ⅔ cawan krim putar
- ¼ cawan gula
- 1 sudu teh serbuk kopi espresso segera

ARAHAN

a) Letakkan badam keseluruhan dalam pemproses makanan. Tutup dan proses untuk membuat mentega licin; mengetepikan.

b) Dalam periuk sederhana kacau bersama gula dan gelatin. Tambah krim. Masak dan kacau dengan api sederhana sehingga gelatin larut. Keluarkan dari haba. Kacau dalam mentega badam, susu, dan garam. Tuangkan ke dalam enam acuan individu 6 auns, ramekin atau cawan kastard. Tutup dan sejukkan selama 6 hingga 24 jam atau sehingga ditetapkan.

c) Dengan menggunakan pisau, longgarkan panna cotta dari sisi pinggan dan terbalikkan ke enam pinggan pencuci mulut. Sudukan atau siramkan sedikit Sos Mocha di sekeliling panna cotta. Hidangkan dengan baki sos dan, jika dikehendaki, hiaskan dengan hirisan badam.

SOS MOCHA

d) Dalam periuk kecil masak dan kacau coklat pahit atau separuh manis yang dicincang di atas api perlahan sehingga cair. Kacau dalam krim putar, gula dan serbuk kopi espreso segera atau kristal kopi segera.

e) Masak dan kacau dengan api sederhana sederhana kira-kira 3 minit atau hanya sehingga berbuih di sekeliling tepi. Hidangkan hangat.

64. Cappuccino Panna Cotta dengan Sirap Hazelnut

Membuat: 6 hidangan

BAHAN-BAHAN:

UNTUK PANNA COTTA:
- 3 helai daun gelatin
- 450ml krim tunggal
- 100g gula aising
- 3 sudu kecil butiran kopi segera
- 1 sudu kecil ekstrak vanila
- 300ml yogurt set semula jadi
- satu blok kecil coklat gelap, untuk bercukur

UNTUK SIRAP:
- 75g gula halus
- 3 sudu besar minuman keras Frangelico
- 3 sudu besar hazelnut panggang yang dicincang

ARAHAN

a) Rendam daun gelatin dalam air sejuk selama 5 minit.
b) Letakkan krim dalam periuk di atas api sederhana dan kacau dalam gula, butiran kopi dan ekstrak vanila sehingga kopi telah dibubarkan sepenuhnya.
c) Perlahan-lahan biarkan mendidih, kacau sekali-sekala. Keluarkan dari api dan kacau dalam gelatin sehingga ia larut.
d) Biarkan sejuk selama 5 minit sebelum kacau dalam yogurt sehingga rata, menggunakan pemukul jika perlu.
e) Tuangkan ke dalam acuan yang telah digris dan letakkan di dalam peti ais selama lebih kurang 2 jam atau semalaman jika boleh.
f) Untuk membuat sirap hazelnut, letakkan gula kastor, Frangelico dan 50ml air ke dalam periuk di atas api sederhana. Kacau sehingga gula larut dan biarkan mendidih. Biarkan mendidih selama kira-kira 3 minit sehingga sedikit sirap, kemudian sejuk.
g) Hidupkan set panna cotta ke dalam pinggan. Jika ia tidak akan keluar dengan mudah, luncurkan pisau tajam ke bawah untuk memecahkan kedap udara atau celupkan acuan ke dalam air panas secara ringkas.
h) Kacau hazelnut ke dalam sirap dan kemudian sudukan di atas panna cottas. Selesai dengan menaburkannya dengan serpihan coklat.

65. Pistachio Panna Cotta

Membuat: 4

BAHAN-BAHAN:
- 1 tin santan
- 3 sudu besar gula
- 3/4 sudu kecil agar-agar
- 1 sudu besar air sejuk
- 1/4 cawan mentega Pistachio
- 1/2 sudu kecil air bunga oren

ARAHAN

a) Dalam mangkuk kecil, letakkan sudu besar air sejuk, kemudian taburkan agar-agar dalam lapisan di atas. Benarkan ia duduk selama beberapa minit semasa anda melengkapkan langkah seterusnya.

b) Dalam periuk sederhana, letakkan santan, gula dan mentega pistachio. Pukul bersama dan panaskan sehingga semuanya cair dan mengukus, tetapi jangan biarkan mendidih.

c) Tuangkan beberapa sudu besar santan panas ke dalam mangkuk bersama agar-agar, dan kacau rata. Masukkan semula perlahan-lahan ke dalam periuk, kacau sepanjang masa. Panaskan selama 5 minit lagi, sehingga susu mengukus, tetapi jangan biarkan ia mendidih. Pukul air bunga oren di hujungnya.

d) Bahagikan antara 4 ramekin. Sejukkan sehingga set.

e) Untuk menghilangkan acuan, keluarkan dari peti sejuk dan letakkan ramekin dalam mandi air panas selama beberapa minit. Jalankan spatula offset atau pisau mentega di sekeliling tepi panna cotta. Letakkan pinggan di atas panna cotta dan terbalikkan. Ia harus meluncur keluar ke atas pinggan. Hiaskan dengan kelopak bunga dan pistachio tambahan.

66. Rhubarb panggang dan Pistachio Panna Cotta

BAHAN-BAHAN:
- 1/2 paun tangkai rhubarb nipis
- 1/2 cawan gula pasir
- jus 1/2 lemon
- 1 biji vanila, belah
- 1/2 cawan pistachio cincang, untuk dihidangkan

ARAHAN
a) Panaskan ketuhar hingga 375ºF.
b) Potong rhubarb menjadi 2-3 inci panjang. Masukkan dalam loyang bersama gula, jus lemon dan kacang vanila. Panggang sehingga lembut dan berair tetapi tidak hancur, kira-kira 15-20 minit.
c) Biarkan sejuk sebelum dihidangkan.

67. Santan dan Kacang Panna Cotta

Membuat: 10 hidangan

BAHAN-BAHAN:
- 500 ml santan
- 1/2 cawan Gula
- 1 sudu kecil esen vanila
- 2-3 sudu kecil Serpihan atau serbuk agar-agar
- 1/4 cawan kacang gajus dicincang tambahan untuk topping

ARAHAN:

a) Pertama sekali, masukkan helai agar-agar kepada kira-kira setengah cawan air. Biarkan ia meresap selama 2-3 minit. Kemudian rebus dengan api perlahan sehingga larut, kacau secara berkala.

b) Dalam kuali lain, masak santan hingga mendidih dengan api perlahan juga. Masukkan gula dan terus kacau untuk mengelakkan bahagian bawahnya hangus.

c) Setelah agar-agar cair sepenuhnya dan menjadi larutan homogen, matikan api dan masukkan ke dalam kuali dengan susu. Gaul rata dan masukkan gajus yang dicincang tadi. Sekarang tuangkan ke dalam pinggan kaca atau loyang.

d) Teratas dengan beberapa gajus lagi dan biarkan ia diletakkan di dalam peti sejuk selama kira-kira 3-4 jam. Tutup dengan cling wrap sebelum disejukkan. Selepas 3 jam, hiris dan hidangkan sejuk kepada orang tersayang dan rakan-rakan anda.

PANNA COTTA PEDAS

68. Buah pelaga-Kelapa Panna Cotta

BAHAN-BAHAN :
- 1 cawan serpihan kelapa tanpa gula
- 3 cawan krim berat
- 1 cawan buttermilk
- 4 biji buah pelaga hijau, ditumbuk ringan Secubit garam halal
- 2 sudu teh gelatin berbutir
- 1 sudu besar air
- ⅓ cawan gula pasir
- sudu teh air mawar

ARAHAN:

a) Panaskan ketuhar hingga 350°. Taburkan kelapa di atas kuali dan masukkan ke dalam ketuhar. Bakar sehingga dibakar dan keemasan, kira-kira 5 minit. Keluarkan dari ketuhar dan ketepikan.

b) Dalam periuk sederhana yang ditetapkan di atas api sederhana tinggi, satukan krim berat, susu mentega, buah pelaga dan garam dan biarkan mendidih. Keluarkan kuali dari api, masukkan kelapa bakar dan ketepikan selama 1 jam. Tapis campuran melalui ayak berjaring halus dan buang pepejalnya.

c) Dalam mangkuk sederhana, satukan gelatin dan air. Ketepikan selama 5 minit.

d) Sementara itu, kembalikan periuk ke api sederhana, masukkan gula dan masak sehingga gula larut, kira-kira 1 minit. Tuangkan campuran krim yang ditapis dengan berhati-hati ke atas campuran gelatin dan pukul sehingga gelatin larut. Pukul air mawar dan bahagikan adunan kepada 8 ramekin empat auns. Letakkan di dalam peti sejuk dan sejukkan sehingga padat, sekurang-kurangnya 2 jam sehingga semalaman

e) Buat kelopak mawar manisan: Lapik loyang dengan kertas parchment. Dalam mangkuk kecil, satukan gula dan buah pelaga. Gunakan berus pastri untuk menyapu kedua-dua belah setiap kelopak mawar dengan putih telur dan celupkan gula dengan teliti. Ketepikan untuk kering sepenuhnya di atas kertas parchment

f) Hidangkan panna cotta sejuk dan hiaskan setiap hidangan dengan kelopak bunga ros.

69. Cinnamon Panna Cotta dengan Kolak Buah Pedas

Membuat: 8 hidangan

UNTUK PANNA COTTA:
- 2 sudu besar brendi pir
- 2 sudu kecil gelatin tanpa rasa
- 2 ½ cawan krim putar
- ½ cawan gula perang gelap yang dibungkus padat
- 1/8 sudu kecil garam
- 1 cawan krim masam
- 1 ½ sudu teh ekstrak vanila tulen
- 2 sudu kecil kayu manis tanah

UNTUK KOMPOT:
- 2 cawan nektar pir
- ¼ cawan gula perang gelap yang dibungkus
- kulit 1 lemon dikeluarkan dalam jalur panjang
- 2 batang kayu manis dibelah dua
- ¼ sudu kecil lada hitam, dipecahkan
- 4 biji cengkih
- 1/8 sudu kecil garam
- 2 pir sederhana masak tetapi padat, dipotong menjadi kiub
- 2 epal pembakar sederhana, dipotong dadu
- ¼ cawan aprikot kering yang dicincang
- ¼ cawan prun cincang
- ¼ cawan buah ara kering yang dicincang
- ¼ cawan cranberi kering
- 2 sudu besar brendi pir
- 1 sudu besar jus lemon segar

BUAT PANNA COTTA:
a) Tuangkan brendi ke dalam mangkuk kecil, taburkan gelatin ke atas brendi dan biarkan selama kira-kira 5 minit untuk melembutkan gelatin.
b) Sementara itu, letakkan krim, gula perang, dan garam ke dalam periuk sederhana yang berat. Panaskan dengan api sederhana, kacau, sehingga gula larut dan adunan panas.

c) Masukkan gelatin yang telah dilembutkan, pukul hingga larut. Pukul krim masam, vanila, dan kayu manis sehingga sebati dan licin.
d) Senduk atau pindahkan adunan ke dalam cawan penyukat cecair yang besar dan tuangkan ke dalam 8 ¾ cawan cawan kastard, ramekin atau acuan kecil. Tutup longgar dengan bungkus plastik dan sejukkan selama 4 jam atau sehingga semalaman.
e) Untuk menanggalkan acuan, potong di sekeliling tepi setiap panna cotta untuk melonggarkan. Letakkan setiap cawan dalam mangkuk cetek berisi air panas selama 10 saat. Segera terbalikkan ke atas pinggan.
f) Sendukkan kolak yang sedikit hangat di atas atau/dan di sekeliling setiap panna cotta dan hidangkan.
g) Jika anda mahu, anda boleh melangkau proses pembongkaran, dan sajikan panna cotta terus dari ramekin, ditambah dengan kompot.

BUAT KOMPOT:
h) Dalam periuk berat yang besar, gabungkan nektar pir, gula, kulit limau, rempah, dan garam. Didihkan dengan api sederhana, kacau, sehingga gula larut.
i) Kecilkan api, masukkan buah-buahan dan reneh, kacau selalu, sehingga pear dan epal lembut tetapi masih mengekalkan bentuknya dan buah-buahan kering gebu, kira-kira 5-8 minit.
j) Dengan sudu berlubang pindahkan buah-buahan rebus ke dalam mangkuk; pastikan cengkih tertinggal.
k) Kurangkan cecair pemburuan dengan api yang tinggi sehingga ia menjadi sirap dan kira-kira separuh daripada isipadu asalnya, selama kira-kira 15 minit atau lebih. Tutup api, kacau dalam brendi dan jus lemon, dan kemudian tapis melalui ayak halus terus ke dalam mangkuk dengan buah-buahan rebus.
l) Kacau perlahan-lahan untuk sebati. Sejukkan sehingga hampir tidak suam sebelum disudukan ke atas panna cotta.
m) Atau, sejukkan sepenuhnya, tutup dan sejukkan sehingga diperlukan. Panaskan perlahan-lahan sebelum dihidangkan.

70. Buah pelaga dan Oren Darah Panna Cotta

BAHAN-BAHAN:
PANNA COTTA OREN DARAH DAN KADAMOM:
- 1 1/2 cawan susu badam
- 1/2 cawan krim kelapa
- 1/2 cawan jus oren darah yang baru diperah
- 1 sampul gelatin
- 1/4 cawan gula tebu organik
- 2 sudu besar madu
- 1 sudu kecil serbuk buah pelaga
- 1 sudu kecil pes kacang vanila atau 1 sudu kecil ekstrak kacang vanila

JELI OREN DARAH:
- 1 1/2 cawan + 1/2 cawan jus oren darah, dibahagikan
- 2 sampul gelatin
- 1 sudu kecil kulit oren darah
- 1/3 cawan gula tebu organik
- 1/4 sudu kecil garam

CRUMBLE KUINOA BAKAR:
- 1/2 cawan quinoa
- 3 sudu besar sirap maple atau madu
- 1 sudu besar minyak kelapa
- 1/4 sudu kecil garam
- 1/4 sudu kecil serbuk buah pelaga
- 2 sudu besar raspberi kering beku
- 2 sudu besar pistachio bakar dicincang kasar

HIASAN:
- 2 hirisan oren darah dibelah dua

ARAHAN
PANNA COTTA OREN DARAH DAN KADAMOM:
a) Dalam periuk kecil, taburkan gelatin ke atas 1 cawan susu badam suhu bilik. Biarkan selama 1 minit untuk lembut. Panaskan campuran gelatin dengan api perlahan sehingga gelatin larut dan keluarkan kuali dari api.

b) Dalam periuk besar, bawa baki susu badam, krim kelapa, jus oren darah, madu, gula, serbuk buah pelaga, garam, ekstrak kacang vanila bersama-sama dan kacau sehingga mendidih dengan api sederhana. Keluarkan kuali dari api selepas mendidih dan kacau dalam campuran gelatin. Biarkan ia sejuk.

c) Bahagikan campuran sama banyak ke dalam 4 gelas wain dan biarkan ia berada di dalam peti sejuk selama 4 jam atau semalaman.

JELI OREN DARAH:

d) Panaskan 1 1/2 cawan jus oren darah. Campurkan 2 sampul gelatin dengan 1/2 cawan jus oren darah dan campurkan dengan jus suam. Masukkan gula dan perahan dan pukul sehingga sebati dan gula larut.

e) Tuangkan perlahan-lahan dan sama rata ke dalam 4 gelas dan biarkan di dalam peti sejuk.

CRUMBLE KUINOA BAKAR:

f) Panaskan ketuhar hingga 350 darjah.

g) Dalam mangkuk kecil, toskan semua bahan kecuali raspberi, dan ratakan pada kuali kecil. Bakar dalam ketuhar selama kira-kira 20 minit. Biarkan ia sejuk. Pecahkan ia menjadi hancur.

PERHIMPUNAN:

h) Masukkan kira-kira 1-2 sudu kecil quinoa yang telah dibakar ke dalam setiap gelas. Hancurkan beberapa raspberi kering beku di bahagian atas, bersama beberapa pistachio cincang.

i) Tambah separuh hirisan oren darah di atas setiap panna cotta yang dipasang dengan kemas. Panna cotta sedia untuk dihidangkan dan dimakan!

71. Jaggery dan Panna Cotta Kelapa

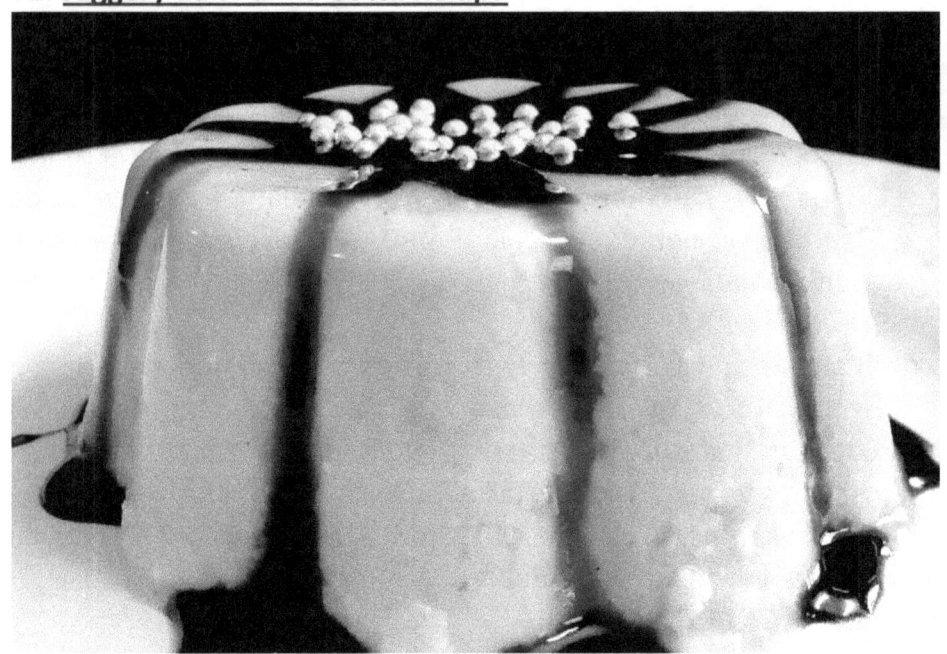

Membuat: 6-7 hidangan

BAHAN-BAHAN:
- 100 gm Jaggery
- 50 ml air
- 400 ml Santan
- 1 sudu kecil serbuk kayu manis
- 3 sudu besar serpihan kelapa (kelapa parut)
- 2-3 sudu besar helai Agar-Agar

ARAHAN:

a) Dalam kuali, masukkan air, serbuk buah pelaga, jaggery dan helai agar-agar. Biarkan ia mendidih dan renehkan dengan api perlahan selama 5 hingga 8 minit sehingga larut sepenuhnya.

b) Sekarang masukkan santan dan kepingan kepadanya. Gaul rata dan segera tuangkan ke dalam acuan puding individu, acuan kulfi atau hidangan kaca.

c) Biarkan ia mengeras selama 2-3 jam di dalam peti sejuk bertutup dengan baik. Hidangkan ini dalam 6-7 bahagian kecil sebagai pencuci mulut selepas makan semasa makan malam kepada orang tersayang atau tetamu anda.

d) Cair dalam mulut, panna cotta vegetarian atau puding atau flan ini merupakan hidangan istimewa untuk citarasa anda. Panggil dengan apa-apa nama pun, rasanya akan tetap sama dan berlarutan walaupun lama selepas dirasa. Yum!

72. Buah pelaga-madu Yogurt Panna cotta

BAHAN-BAHAN:
- 3 sudu besar serbuk gelatin
- 500 ml susu
- 100 gm gula halus
- 1 1/2 sudu besar serbuk buah pelaga
- 200 gm yogurt
- 3 sudu besar madu + madu tambahan untuk dihidangkan
- 2 sudu besar mentega tanpa garam
- 1 titis esen vanila
- 1/2 biji mangga masak dipotong dadu kecil untuk hiasan

ARAHAN:

a) Panaskan susu, gula, serbuk buah pelaga dalam periuk sehingga gula larut. Didihkan, kemudian masukkan 3 sudu besar serbuk gelatin dan rebus susu ini. Kacau secara berterusan selama 3-4 minit atau sehingga ia larut sepenuhnya.

b) Angkat dari api dan masukkan 1 titis esen vanila dan gaul rata. Dan biarkan sejuk selama 15 minit.

c) Selepas 15 minit pukul madu yoghurt dan 1/2 sudu kecil serbuk buah pelaga dalam mangkuk. Tuangkan ke dalam mil dan pukul perlahan dan gaul rata.

d) Bilas acuan puding atau mangkuk dengan air sejuk, bahagikan adunan di antara mereka semasa acuan atau mangkuk masih basah. Sejukkan dalam peti ais selama 3-4 jam atau semalaman sehingga set.

e) Apabila sedia untuk dihidangkan, longgarkan tepi setiap yogurt dengan pisau, sepuluh celupkan asas ke dalam air lengan selama 5 saat. Hidupkan ke pinggan hidangan.

f) Hiaskan dengan pistachio dan mangga potong dadu dan taburkan sedikit madu tambahan untuk dihidangkan.

PANNA COTTA BERHERBA

73. Matcha Panna Cotta

Membuat: 4 hidangan

BAHAN-BAHAN:
- 1/2 cawan susu penuh
- 2 cawan krim berat
- 1/4 cawan gula pasir
- 1 sudu besar serbuk matcha
- 3 helai gelatin
- 1/2 sudu teh ekstrak vanila

ARAHAN

a) Jika anda bercadang untuk membuka acuan panna cotta pada pinggan, sapu sedikit bahagian dalam gelas dengan minyak sayuran dan gunakan tuala kertas untuk mengelap sebahagian besar minyak, hanya tinggalkan sedikit sisa. Jika tidak, anda boleh membiarkannya tidak bersalut.

b) Rendam lembaran gelatin dalam air sejuk sehingga lembut. Mengetepikan.

c) Dalam periuk sederhana, panaskan susu, krim kental, gula, dan serbuk matcha sehingga mendidih. Keluarkan dari api.

d) Perah gelatin untuk mengeluarkan lebihan air dan masukkan ke dalam kuali, kacau sentiasa sehingga gelatin cair. Masukkan ekstrak vanila.

e) Tapis adunan melalui ayak halus dan tuang rata di antara acuan yang telah disediakan. Sejukkan sehingga ditetapkan sekurang-kurangnya 4 jam atau semalaman.

f) Untuk mengeluarkan dari acuan, celupkan bahagian bawah acuan ke dalam periuk air panas selama 5 saat untuk melonggarkan panna cotta. Luncurkan pisau di sekeliling tepi, kemudian hati-hati terbalikkannya ke atas pinggan hidangan.

g) Lebih baik dihidangkan sejuk dengan beberapa buah bermusim.

74. Biji Serai Basil Pannacotta Dengan Sos Jamun

BAHAN-BAHAN :
UNTUK PANNACOTTA RUMPUT LEMON:
- 3 Cawan Krim kental
- 1 Cawan Susu
- ¼ Cawan Tangkai Rumput Limau, dicincang kasar
- 4-5 sudu besar gula
- 1 Cawan Biji Basil Direndam
- ½ sudu teh, Esen Vanila
- 14 gram, gelatin tidak berperisa
- ¼ cawan, air

UNTUK SOS:
- 1 ½ Cawan, Pulpa Jamun yang dibuang biji
- ½ cawan, Gula
- ½ Cawan, Air
- 1 sudu kecil, Perahan Lemon
- 1 sudu kecil, Jus lemon

ARAHAN

a) Dalam kuali berdasar berat, masukkan krim dan susu dan panaskan dengan api sederhana pastikan ia tidak mendidih, hanya dipanaskan.
b) Tutup api, masukkan serai yang dicincang, esen vanilla dan gaul rata. Tutup dengan penutup dan ketepikan selama 30 minit.
c) Dalam kuali lain, masukkan jamun puri, kulit limau, jus lemon, gula dan air. Didihkan dan biarkan mendidih sehingga sos pekat dan mempunyai tekstur berkilat. Jika anda lebih suka sos agak nipis, anda boleh menambah sedikit air. Setelah selesai, tutup api dan biarkan ia sejuk sepenuhnya.
d) Dalam mangkuk taburkan gelatin ke atas beberapa sudu air dan biarkan ia mekar selama kira-kira 5 minit.
e) Tapis krim Pannacotta, buang tangkai serai dan tuang dalam kuali semula dan panaskan, jangan sampai mendidih. Masukkan gula dan gelatin. Gaul sehingga gelatin sebati.
f) Tuangkan Pannacotta dalam gelas hidangan, masukkan biji selasih dalam setiap gelas dan sejukkan sehingga ia set.
g) Teratas dengan sos jamun dan biji selasih.
h) Hidangkan Sejuk.

75. Basil Panna Cotta dengan Aprikot Rebus Rosé

Membuat: 4

BAHAN-BAHAN:
- 1 1/2 cawan krim berat
- 1/2 cawan daun selasih, basuh dan keringkan
- 1 c. gula, dibahagikan
- 1/2 biji vanila
- 1/2 cawan susu
- 1 1/2 sudu kecil gelatin
- 3/4 cawan wain rosé
- 4 biji aprikot segar, dibelah dua dan dibuang lubang

ARAHAN

a) Masukkan krim kental, selasih, dan 1/4 cawan gula ke dalam periuk kecil. Pisahkan kacang vanila memanjang dan kikis biji ke dalam krim dengan sudu kecil, kemudian masukkan pod kacang vanila ke krim juga. Panaskan krim di atas api sederhana, kacau perlahan-lahan untuk melarutkan gula, sehingga krim hanya mendidih. Keluarkan dari api dan biarkan selama 15 minit, kemudian tapis krim melalui penapis jaringan halus ke dalam mangkuk. Tutup dengan bungkus plastik dan sejukkan sehingga sejuk, sekurang-kurangnya 30 minit. Buang selasih.

b) Masukkan susu ke dalam periuk kecil dan taburkan gelatin di atas susu. Kacau perlahan-lahan untuk sebati. Biarkan gelatin selama 10 minit untuk menghidrat, kemudian panaskan dengan api sederhana sederhana sehingga gelatin larut, yang sepatutnya mengambil masa kira-kira 90 saat hingga 2 minit. Keluarkan dari api, pukul hingga sebati, kemudian tuangkan ke dalam krim yang disejukkan dengan selasih. Pukul campuran selama 1 minit untuk menggabungkan sepenuhnya dan mula menyejukkan gelatin, kemudian bahagikan campuran antara empat ramekin atau gelas, tutup setiap satu dengan bungkus plastik, dan sejukkan sehingga pejal, sekurang-kurangnya dua jam.

c) Untuk aprikot: tambah baki 3/4 c. gula dan ros ke dalam periuk kecil. Biarkan mendidih, kemudian perlahan-lahan letakkan bahagian aprikot ke dalam periuk, tenggelam dalam cecair yang mendidih. Biarkan mendidih sehingga lembut, kira-kira 3-4 minit, kemudian keluarkan dengan sudu berlubang ke dalam mangkuk. Teruskan mereneh cecair sehingga ia berkurangan separuh dan sedikit sirap, kira-kira 10-15 minit. Keluarkan dari api dan tuangkan ke atas aprikot. Tutup aprikot dan sirap dan sejukkan sehingga sejuk.
d) Hidangkan setiap panna cotta dengan satu atau dua bahagian aprikot dan beberapa sudu sirap dituangkan ke atas. Hidangkan sejuk.

76. Pistachio dan Basil Panna Cotta

4 hidangan

BAHAN-BAHAN:
- 1 cawan krim berat
- 1/4 cawan basil segar, dicincang
- 1/4 cawan pistachio yang dicelur dan ditumbuk
- 1/2 cawan gula
- 3/4 cawan susu
- 3 sudu kecil serbuk gelatin
- 2-3 titis esen pistachio (pilihan)

ARAHAN:
a) Satukan krim, basil, puri pistachio dan gula, dalam periuk dan letakkan di atas api.
b) Pertama, masak sehingga mendidih dan kemudian biarkan ia mendidih selama 5 minit. Keluarkan dari haba dan biarkan campuran curam selama 15 minit.
c) Tuangkan melalui ayak berjaring halus atau kain muslin, ke dalam mangkuk untuk mengeluarkan pepejal.
d) Dalam periuk lain, tuang 1/2 cawan susu dan biarkan ia panas. Keluarkan dari api, masukkan serbuk gelatin dan biarkan selama beberapa minit. Letakkannya semula di atas api dan biarkan susu mendidih selama 2 minit.
e) Campurkan adunan gelatin dan susu dengan adunan krim yang disediakan sebelum ini dan kacau rata.
f) Minyakkan sedikit acuan.
g) Tuang adunan ke dalam acuan dan sejukkan sehingga sejuk dan set. Ini akan mengambil masa kira-kira 3-4 jam.
h) Buka acuan di atas pinggan atau letakkan dalam acuan itu sendiri. Hiaskan dengan pistachio cincang atau dengan beri segar atau kompot kegemaran anda.

77. Saffron Pistachio Panna Cotta

Membuat: 2 hidangan

BAHAN-BAHAN:
- 2 sudu besar Paneer lembut atau keju kotej buatan sendiri
- 2 sudu teh Gula
- 2 sudu besar Susu
- 1 sudu besar Krim
- 1 secubit Safron
- Serbuk agar agar – secubit besar
- 2 sudu teh Pistachio
- 1 secubit serbuk buah pelaga

ARAHAN:
a) Tumbuk paneer lembut dan serbuk gula sehingga halus.
b) Didihkan 2 sudu besar susu & 1 sudu besar krim dan secubit Saffron bersama-sama.
c) Masukkan secubit besar serbuk agar-agar.
d) Pukul hingga rata.
e) Masukkan campuran paneer, serbuk buah pelaga dan pistachio cincang. Gaul sebati.
f) Dalam acuan yang telah digris masukkan 1/4 sudu teh pistachio cincang. Tuang adunan panna cotta.
g) Sejukkan selama 2 jam di dalam peti sejuk.
h) Buka acuan dan hidangkan. Tambah beberapa sirap pilihan anda dan buah-buahan di atas.
i) Anda boleh menyesuaikan gula mengikut citarasa.

FLORAL PANNA COTTA

78. Panna cotta bunga tua dengan strawberi

Membuat: 6

BAHAN-BAHAN:
- 500ml krim berganda
- 450ml susu penuh lemak
- 10 kepala bunga tua yang besar, bunga dipetik
- 1 pod vanila, biji dikikis
- 5 helai daun gelatin
- 85g gula kastor emas

UNTUK CRUMBLE
- 75g mentega, ditambah tambahan untuk pelinciran
- 75g tepung biasa
- 50g gula kastor emas
- 25g badam kisar

UNTUK BERKHIDMAT
- 250g strawberi punnet, bahagian atas dipotong
- 1 sudu besar gula kastor emas
- beberapa bunga elder yang dipetik, untuk dihias

ARAHAN

a) Masukkan krim, susu, bunga, buah vanila dan biji dalam set kuali di atas api perlahan. Sebaik sahaja cecair mula mendidih, keluarkan dari api dan biarkan sejuk sepenuhnya.

b) Sementara itu, untuk hancur, masukkan mentega ke dalam kuali kecil dan panaskan perlahan-lahan sehingga ia bertukar menjadi perang pekat dan berbau pedas. Tuangkan ke dalam mangkuk dan biarkan sejuk pada suhu bilik sehingga pejal.

c) Setelah adunan krim telah sejuk, gris sedikit bahagian dalam enam acuan 150ml dariole. Rendam daun gelatin dalam air sejuk selama 10 minit. Tapis campuran krim yang telah disejukkan melalui ayak ke dalam kuali yang bersih, buang bunga tua dan buah vanila. Masukkan gula dan kacau hingga larut. Letakkan di atas api perlahan dan biarkan mendidih semula, kemudian tuangkan ke dalam jag besar. Perah sebarang cecair yang berlebihan daripada gelatin dan kacau ke dalam krim panas sehingga cair. Teruskan kacau sehingga adunan telah sejuk dan pekat sedikit, supaya semua biji vanila tidak tenggelam ke bawah. Tuangkan ke dalam acuan dan sejukkan sekurang-kurangnya 4 jam. sehingga ditetapkan.

d) Panaskan ketuhar kepada 180C/160C kipas/gas 4. Gosok mentega perang ke dalam tepung, kemudian kacau melalui gula dan badam. Ratakan ke atas dulang yang dialas dengan kertas pembakar. Bakar selama 25-30 minit hingga kekuningan, kacau beberapa kali. Biarkan sejuk.

e) Potong strawberi, kemudian campurkan dengan gula dan 1 sudu kecil air. Ketepikan untuk memerah selama 20 minit.

f) Balikkan panna cotta ke atas pinggan dan tutup dengan strawberi dan jusnya. Taburkan di atas sebahagian daripada hancur, sajikan apa-apa tambahan dalam mangkuk di sebelah, kemudian hias dengan beberapa bunga tua.

79. Lavender Panna Cotta dengan Sirap Lemon

Membuat: 4 Hidangan

BAHAN-BAHAN:
UNTUK PANNA COTTA LAVENDER:
- 1/4 cawan air
- 1 sampul surat gelatin
- 1-3/4 cawan krim pekat
- 1 cawan susu penuh
- 1/3 cawan gula
- 1-1/2 sudu besar tunas lavender kering

UNTUK SIRAP LEMON:
- 1/2 cawan jus lemon yang baru diperah
- 1 cawan gula

ARAHAN
UNTUK PANNA COTTA LAVENDER:
a) Sapukan sedikit empat hidangan kastard 6 auns dengan minyak tidak melekat dan rizab.
b) Dalam hidangan kecil, tambah air dan taburkan gelatin dan biarkan selama 5-10 minit untuk mekar.
c) Masukkan krim, susu dan gula ke dalam periuk kecil. Panaskan dengan api sederhana hampir mendidih, kacau untuk melarutkan gula. Keluarkan dari haba; kacau dalam tunas lavender dan tutup. Biarkan berdiri dan curam selama 10 minit.
d) Tetapkan hidangan gelatin dalam ketuhar gelombang mikro dan zap selama sepuluh saat sehingga menjadi sirap nipis. Masukkan gelatin ke dalam campuran krim, kacau dengan baik untuk menggabungkan.
e) Tuangkan campuran melalui penapis jaringan halus ke dalam mangkuk lain, buang tunas lavender. Biarkan adunan sejuk hingga suam.
f) Kacau adunan dan tuangkan ke dalam empat hidangan atau acuan kastard 6 auns. Pindahkan ke peti sejuk dan sejukkan selama 2-4 jam atau semalaman sehingga betul-betul set.

UNTUK SIRAP LEMON:

g) Dalam periuk kecil, letakkan di atas api sederhana, satukan jus lemon dan gula bersama-sama. Didihkan, kecilkan api dan reneh selama 10 minit untuk mengurangkan sedikit.
h) Keluarkan dari api dan biarkan sejuk sebelum dimasukkan ke dalam balang bertutup, kemudian sejukkan sehingga sedia untuk digunakan. Sirap akan menjadi pekat apabila sejuk.
i) Untuk Hidangkan Panna Cotta dengan Sirap Lemon:
j) Untuk melepaskan set panna cotta, jalankan pisau di sekeliling pinggir dalam panna cotta bergel. Bekerja dengan satu hidangan pada satu masa, letakkan hidangan itu ke dalam air suam selama 10 saat.
k) Angkat dari air dan dengan jari lembap, perlahan-lahan tarik gelatin dari tepi acuan. Tutup dengan pinggan hidangan lembap. Balikkan pinggan dan angkat pinggan dengan berhati-hati.
l) Letakkan pinggan hidangan lembap di atas acuan. Perlahan-lahan keluarkan acuan dan renjiskan sirap limau di atasnya.
m) Pecahkan beberapa bunga lavender segar dan taburkan pada sirap. Hiaskan setiap hidangan dengan bunga lavender

80. Butterfly Pea Infused Panna Cotta

Membuat: 4 Hidangan

BAHAN-BAHAN:
- 1/2 cawan susu penuh
- 2 cawan krim berat
- 1/4 cawan gula pasir
- 3 helai gelatin
- 2 sudu besar bunga kacang rama-rama kering
- 1/2 sudu teh ekstrak vanila

ARAHAN

a) Jika anda bercadang untuk membuka acuan panna cotta pada pinggan, sapu sedikit bahagian dalam gelas dengan minyak sayuran dan gunakan tuala kertas untuk mengelap sebahagian besar minyak, hanya tinggalkan sedikit sisa. Jika tidak, anda boleh membiarkannya tidak bersalut.

b) Rendam lembaran gelatin dalam air sejuk sehingga lembut. Mengetepikan.

c) Dalam periuk sederhana, panaskan susu, krim kental, dan gula sehingga mendidih, tetapi jangan mendidih.

d) Keluarkan dari api.

e) Perah gelatin untuk mengeluarkan lebihan air dan masukkan ke dalam kuali, kacau sentiasa sehingga gelatin cair.

f) Masukkan ekstrak vanila dan bunga kacang rama-rama kering. Biarkan adunan mendidih selama 15 minit atau sehingga adunan berwarna biru.

g) Tapis adunan melalui ayak halus dan tuang rata di antara acuan yang telah disediakan. Sejukkan sehingga ditetapkan sekurang-kurangnya 4 jam atau semalaman.

h) Untuk mengeluarkan dari acuan, celupkan bahagian bawah acuan ke dalam periuk air panas selama 5 saat untuk melonggarkan panna cotta. Luncurkan pisau di sekeliling tepi, kemudian hati-hati terbalikkannya ke atas pinggan hidangan.

i) Terbaik dihidangkan sejuk.

81. Panna Cotta Kelapa Vanila Dengan Sos Hibiscus Berry

Membuat: 2 hidangan besar

VANILA KELAPA PANNA COTTA:
- 1 paket gelatin berbutir
- 3/4 cawan santan
- 1 cawan krim kelapa
- 1 cawan krim berat
- 2 sudu besar gula halus
- 1/2 sudu teh pes kacang vanila

SOS BUNGA BERRY
- 1/2 cawan beri campuran segar atau beku
- 4 kuntum bunga raya kering
- 1/4 sudu besar gula halus

ARAHAN
VANILA KELAPA PANNA COTTA:
a) Sediakan empat 4 auns ramekin, acuan atau gelas yang lebih besar dengan melumuri dengan minyak kelapa atau minyak sayuran. Anda boleh melangkau langkah ini jika anda tidak meletakkan panna cotta pada acuan. Saya menggunakan 4 gelas wain Perancis sebagai acuan saya. tetapi anda boleh dengan mudah meninggalkannya di dalam gelas untuk dihidangkan.
b) Dalam mangkuk kecil, taburkan gelatin ke atas 3 sudu besar air sejuk. Gaul dan biarkan sehingga lembut.
c) Dalam periuk sos kecil di atas api sederhana, panaskan bersama santan dan krim sehingga ia mula menggelegak di tepi. Perlahankan api dan masukkan gelatin yang telah dilembutkan, gaul sehingga cair sepenuhnya.
d) Keluarkan kuali dari api dan sediakan mangkuk besar dengan air ais. Tapis adunan gelatin kelapa ke dalam mangkuk yang lebih kecil dan masukkan mangkuk itu ke dalam air ais. Perlahan-lahan mengikis mangkuk dengan spatula getah dan gaul sehingga adunan sejuk dan mula pekat. Jika adunan mula mengeras keluarkan dengan segera.

e) Tuangkan air ais dari mangkuk besar dan lap sehingga bersih. Letakkan krim berat dalam mangkuk dan campurkan gula tepung sehingga dibubarkan. Masukkan gelatin kelapa secara beransur-ansur sehingga sebati. Cuba jangan campurkan dengan kuat untuk mengelakkan gelembung udara terbentuk.
f) Tuangkan adunan ke dalam ramekin, gelas atau acuan yang disediakan. Letakkan di dalam peti sejuk selama sekurang-kurangnya 4 jam atau sehingga set.
g) Untuk menyah-acuan panna cotta anda, jalankan bahagian tepi acuan anda di bawah air suam sehingga ia mula longgar. Gunakan jari anda untuk tarik perlahan panna cotta dari tepi. Kemudian, terbalikkan ke dalam hidangan anda.

SOS HIBISCUS BERRY:
h) Dalam periuk sos kecil di atas api sederhana tinggi, campurkan bersama 1 cawan air dengan gula tepung. Didihkan dan biarkan mendidih selama 1 minit. Angkat dari api dan masukkan bunga raya. Ketepikan dan biarkan curam selama 30 minit.
i) Keluarkan bunga raya dari sirap dan buang atau simpan untuk hiasan. Masukkan beri ke dalam kuali dan letakkan semula di atas dapur dan panaskan hingga sederhana tinggi.
j) Didihkan dan masak sehingga sedikit pekat. jika menggunakan beri beku cuba jangan kacau terlalu banyak pecahkan beri atau simpan 1/4 buah beri untuk ditambah selepas sos mula pekat.
k) Sejukkan sos dan sejukkan sekurang-kurangnya 2 jam sebelum dihidangkan.

82. Blueberry dan Sirap Lilac Panna Cotta

Membuat: 2 Panna Cottas

BAHAN-BAHAN:
UNTUK SIRAP LILAC
- 1 cawan bunga ungu
- 240 g gula putih
- 250 ml air

UNTUK PANNA COTTA
- 3 gram lembaran gelatin
- 200 ml krim penuh krim
- 80 gram beri biru
- 30 gram sirap ungu
- 40 gram gula putih

UNTUK BLUEBERRY COULIS
- 100 gram beri biru segar
- 30 gram gula putih
- 10 ml jus lemon

UNTUK GANACHE COKLAT PUTIH
- 60 gram krim penuh
- 100 gram coklat putih

UNTUK PLATING
- 5-8 beri biru setiap pinggan
- Segenggam kecil bunga ungu

UNTUK SIRAP LILAC

a) Keluarkan bunga ungu individu dari batangnya. Pastikan anda hanya mengambil bunga ungu, buang semua bunga coklat dan batang hijau. Basuh bunga ungu.

b) Letakkan bunga, gula dan air dalam periuk. Dengan api sederhana, biarkan mendidih dan teruskan reneh selama 10 minit. Keluarkan dari haba dan tapis melalui penapis wayar. Gunakan bahagian belakang sudu logam untuk menolak sebanyak mungkin warna dan rasa daripada bunga.

c) Biarkan sirap sejuk ke suhu bilik kemudian sejukkan. Boleh dibuat seminggu lebih awal.

UNTUK PANNA COTTA

d) Letakkan kepingan gelatin dalam air sejuk yang cukup untuk menutup kepingan. Jika anda tidak menggunakannya sebelum ini, jangan risau kepingan gelatin akan larut, ia akan melekat bersama-sama sebagai kepingan dalam air sejuk tetapi akan menjadi liut.

e) Letakkan krim, beri biru, sirap ungu dan gula dalam periuk. Dengan api sederhana biarkan hampir mendidih. Apabila anda mula melihat buih keluarkan dari haba dan kisar dengan pengisar kayu sehingga licin. Kembalikan kepada api sederhana dan biarkan mendidih. Keluarkan dari haba.

f) Ambil kepingan gelatin dari air dan goncangkan air yang berlebihan. Masukkan krim panas dan kacau perlahan-lahan sehingga larut dan sebati.

g) Tapis adunan panna cotta melalui penapis wayar. Tuangkan ke dalam acuan dan sejukkan pada suhu bilik tanpa penutup. Ini akan mengambil masa sekurang-kurangnya satu jam. Sekali pada suhu bilik, tutup dan letakkan di dalam peti sejuk semalaman. Boleh dibuat beberapa hari lebih awal.

UNTUK BLUEBERRY COULIS

h) Buat blueberry couli pada hari penyajian. Masukkan beri biru, gula dan jus lemon ke dalam periuk dan kisar dengan pengisar kayu sehingga halus. Dengan api sederhana, biarkan mendidih dan reneh sehingga coulis pekat. Sama dengan konsistensi jem tradisional tetapi tidak kering.

i) Ketepikan dan biarkan sejuk pada suhu bilik.

UNTUK GANACHE

j) Potong coklat ke dalam kepingan kecil atau cukur dan letakkan dalam mangkuk yang bersih. Mengetepikan.

k) Masukkan krim ke dalam periuk kecil. Dengan api sederhana, biarkan mendidih. Jangan mengalihkan pandangan anda darinya. Krim cenderung mendidih dengan cepat. Angkat dari api dan pukul ke dalam coklat putih. Teruskan pukul sehingga coklat larut sepenuhnya dan anda mendapat ganache yang licin. Tuangkan ke dalam bekas tuang kecil. Kapal individu bagi setiap tetamu adalah bertimbang rasa tetapi jika dalam kapal yang dikongsi, pergaduhan untuk ganache yang tinggal boleh menjadikan perkara itu menyeronokkan.

l) Dari segi masa semasa makan, buat ganache sedekat mungkin dengan hidangan. Saya meletakkan periuk dengan krim di dalam peti sejuk dan saya meninggalkan coklat yang dicukur di dalam mangkuk pada suhu bilik sedia dan menunggu. Apabila hidangan utama selesai, saya cepat-cepat membuat ganache dan tuangkan ke dalam bekas hidangan. Kemudian saya sapukan panna cotta.

PLATING

m) Pastikan peralatan, pinggan dan semua bahan anda sejuk pada suhu bilik. Meletakkan apa-apa yang hangat di atas atau di bawah panna cotta akan mencairkannya. Basuh bunga ungu segar dan beri biru dan letakkan di atas tuala untuk kering.

n) Untuk mengeluarkan panna cotta dari acuan, ambil pisau tajam. Pegang panna cotta di sisinya, letakkan mata pisau di antara bahagian dalam acuan dan panna cotta. Tolak pisau perlahan-lahan dengan berhati-hati agar tidak menembusi panna cotta. Berat panna cotta akan mula menariknya dari tepi acuan, biarkan graviti membantu anda. Sebaik sahaja ia mula mengelupas, mulakan menggulung acuan secara beransur-ansur sehingga ia terkelupas sepenuhnya dari tepi. Terus pegang acuan di sisinya.

o) Letakkan pinggan pada bukaan acuan semasa masih berada di sisinya, tepat di tempat yang anda mahu panna cotta berada di atas pinggan kemudian terbalikkan acuan dengan pinggan di bawahnya. Sama seperti anda akan menghasilkan jeli. Jika anda menghadapi masalah mengeluarkannya, anda boleh dengan cepat mencelup bahagian bawah acuan ke dalam air yang sangat panas, berhati-hati agar tidak membenarkan sebarang air masuk ke dalam panna cotta.

p) Menggunakan sudu kecil, letakkan beberapa coulis di atas setiap panna cotta. Menggunakan bahagian belakang sudu, ratakan coulis ke tepi panna cotta.

q) Hiaskan setiap pinggan dengan beri biru dan bunga. Saya sering menghiris sepertiga bahagian bawah salah satu beri biru supaya ia kelihatan tenggelam ke bahagian atas panna cotta.

r) Jangan lupa letak ganache di atas meja!

83. Madu Chamomile Panna Cotta

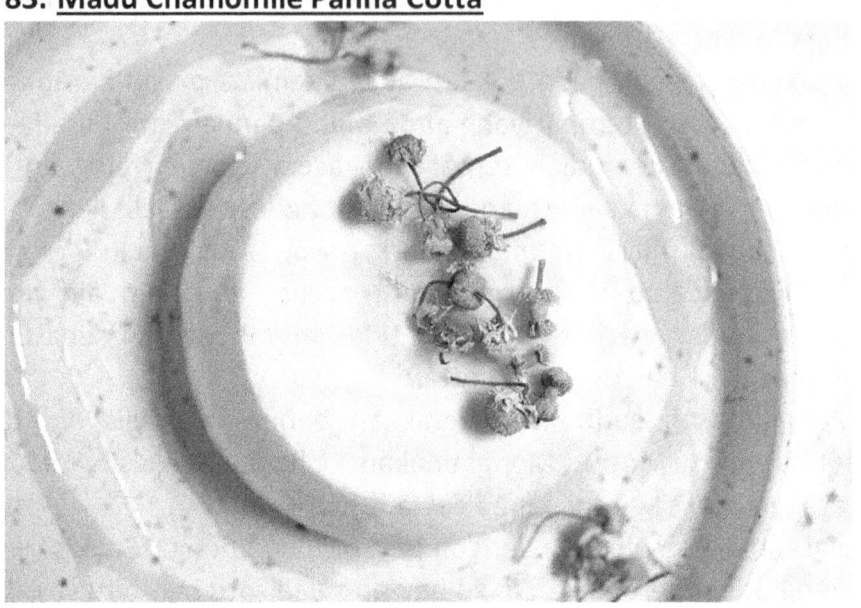

Membuat: 4 hidangan

BAHAN-BAHAN:
- 1/2 cawan susu penuh
- 2 cawan krim berat
- 1/4 cawan gula pasir
- 3 helai gelatin
- 1/2 sudu teh ekstrak vanila
- 1 cawan bunga chamomile kering
- madu, untuk topping

ARAHAN
a) Jika anda bercadang untuk membuka acuan panna cotta pada pinggan, sapu sedikit bahagian dalam gelas dengan minyak sayuran dan gunakan tuala kertas untuk mengelap sebahagian besar minyak, hanya tinggalkan sedikit sisa. Jika tidak, anda boleh membiarkannya tidak bersalut.
b) Rendam lembaran gelatin dalam air sejuk sehingga lembut. Mengetepikan.
c) Dalam periuk sederhana, panaskan susu, krim kental, dan gula sehingga mendidih.
d) Keluarkan dari api.
e) Perah gelatin untuk mengeluarkan lebihan air dan masukkan ke dalam kuali, kacau sentiasa sehingga gelatin cair.
f) Tambah ekstrak vanila dan bunga chamomile kering. Biarkan adunan mendidih selama 10-15 minit.
g) Tapis adunan melalui ayak halus dan tuang rata di antara acuan yang telah disediakan. Sejukkan sehingga ditetapkan sekurang-kurangnya 4 jam atau semalaman.
h) Untuk mengeluarkan dari acuan, celupkan bahagian bawah acuan ke dalam periuk air panas selama 5 saat untuk melonggarkan panna cotta. Luncurkan pisau di sekeliling tepi, kemudian hati-hati terbalikkannya ke atas pinggan hidangan.

84. Mawar yogurt panna cotta

Membuat: 2 hidangan

BAHAN-BAHAN:
- 1/2 cawan krim segar
- 1/2 cawan yogurt
- 1 sudu besar gula
- 3 sudu besar sirap ros
- 1/4 sudu kecil warna ros
- 1.5 sudu kecil agar agar
- 1 sudu besar air
- Sedikit Titisan Pati Rose
- Pistachio

ARAHAN:
a) Dalam mangkuk besar campurkan yogurt, 1 sudu besar krim, sirap mawar dan esen mawar, pukul sehingga sebati dan sebati.
b) Dalam mangkuk kecil pukul serbuk Agar ke dalam air suam sehingga sebati.
c) Dalam kuali kecil atau periuk panaskan baki krim dan gula dengan api sederhana hingga sederhana, kacau selalu. Setelah gula larut masukkan adunan serbuk agar-agar dan teruskan kacau sehingga adunan panas dan menggelegak tetapi tidak mendidih. Ia akan mengambil masa sekitar 1-2 minit. Pastikan tidak mendidih campuran ini.
d) Sekarang tuangkan campuran ini ke dalam campuran yogurt dan pukul sehingga sebati. Anda perlu melakukan ini lebih cepat kerana agar-agar akan mula ditetapkan.
e) Bahagikan campuran Panna cotta ini dalam mangkuk yang digris atau silikon dan sejukkan ke dalam peti sejuk sehingga set atau sekurang-kurangnya selama 4 jam.
f) Angkat acuan Yogurt Mawar Panna Cotta daripada ramekin dan hidangkan dengan pistachio cincang di bahagian atas.

85. Gulab Panna Cotta

BAHAN-BAHAN:
- 2 cawan krim segar
- 1/4 cawan sirap ros
- 2 1/2 sudu kecil agar-agar agar-agar
- 1/4 cawan gula halus
- seperti yang diperlukan Falooda untuk hidangan
- Seperti yang diperlukan Krim mawar manis untuk hiasan
- mengikut keperluan Kiub jeli kecil untuk hiasan
- 8-10 kelopak mawar segar
- 1/2 cawan gula
- 1/2 sudu kecil glukosa cecair

ARAHAN:

a) Ambil satu sudu air dalam mangkuk. Masukkan gelatin & ketepikan hingga kembang. Panaskan krim dalam kuali nonstick & biarkan mendidih. Masukkan gula halus dan gaul rata. Panaskan gelatin yang telah mekar dalam ketuhar gelombang mikro selama 30 saat & masukkan ke dalam krim, gaul rata & masak sehingga gelatin larut sepenuhnya.

b) Tapis adunan dalam mangkuk lain masukkan rose syrup & pukul sebati. Tuangkan adunan dalam loyang kaca. Sejukkan selama 2-3 jam atau sehingga set.

c) Untuk membuat ros rapuh, panaskan kuali non-stick masukkan gula & sedikit air & biarkan gula cair, potong kasar kelopak bunga ros. Masukkan cecair glukosa ke dalam kuali & gaul rata. Masukkan kelopak bunga ros yang dicincang & gaul. Tuangkan adunan ke atas tikar silikon, ratakan & sejukkan sehingga ia set.

d) Potong pannacotta menjadi bulat menggunakan pemotong kuki saiz sederhana & robohkan.

e) Letakkan bulat pannacotta di atas pinggan hidangan cetek & letakkan beberapa kepingan rapuh di tepi, simpan beberapa untuk hiasan. Letakkan sedikit banjir pada satu sisi pannacotta, hiaskan dengan beberapa kepingan rapuh dan gerimis sedikit sirap mawar di atas hiasan beberapa krim mawar manis, jeli mawar, bunga berwarna-warni yang boleh dimakan, kelopak & hidangkan segera.

86. Panna-cotta Mawar Halia

Membuat: 4 hidangan

BAHAN-BAHAN:
- 1 cawan Susu
- 1/2 cawan Krim
- 1/4 cawan Gula atau mengikut citarasa
- 1/4 cawan Halia dihiris
- 1 sudu kecil Pati Rose
- Kulit limau sedikit
- 10 gm Agar agar

ARAHAN:
a) Rendam agar agar dalam air selama 15-20minit.
b) Ambil susu dalam kuali sos, tambah krim, gula, gaul dan rebus dalam reneh.
c) Masukkan halia dan kulit limau, rebus beberapa minit.
d) Tutup dan matikan. Biarkan ia berehat selama 20 minit.
e) Sekarang tapis campuran.
f) Masukkan semula ke dalam periuk dan masak dengan api kecil.
g) Sementara itu masukkan agar agar-agar yang telah direndam bersama air dalam kuali dan masak dengan api kecil sehingga agar agar-agar cair. Tambah ini kepada campuran di atas.
h) Masak sehingga semua sebati. Matikan dan masukkan esen mawar. Campurkan. Sejuk sikit.
i) Ambil sebarang acuan dan tuang adunan panna cotta perlahan-lahan.
j) Simpan di dalam peti sejuk sehingga set.
k) Demol dan hidangkan dengan sebarang sos atau sirap. Di sini saya hidangkan dengan sos strawberi.

PANNA COTTA BOOZY

87. Panna cotta champagne dalam cawan kecil yang dihiasi dengan beri

Membuat: 16 gelas

BAHAN-BAHAN:
VANILA PANNA COTTA
- 1 ¼ cawan separuh dan separuh
- 1 ¾ cawan krim pekat
- 2 sudu teh gelatin tanpa rasa
- 45 gram gula pasir
- Secubit garam
- 1 ½ sudu teh ekstrak vanila

JELI WINE BERKELUARGA
- 2 cawan Champagne, Prosecco atau wain berkilauan
- 2 sudu teh gelatin
- 4 sudu teh gula pasir

ARAHAN
VANILA PANNA COTTA
a) Masukkan 2 sudu besar separuh dan separuh ke dalam cawan kecil dan taburkan gelatin di atas sehingga kembang.
b) Masukkan baki susu, gula dan garam ke dalam kuali dengan api perlahan tetapi jangan biarkan mendidih. Jika ia berlaku, segera keluarkan dari api. Sentiasa berjaga-jaga kerana ia boleh mendidih dengan cepat.
c) Kacau sehingga gula larut sepenuhnya.
d) Masukkan krim dan kacau sehingga sebati sepenuhnya.
e) Pukul gelatin yang telah kembang. Jangan biarkan mendidih.
f) Tanggalkan haba.
g) Tambah ekstrak vanila.
h) Kacau perlahan-lahan sehingga adunan mencapai suhu bilik.
i) Tuangkan adunan ke dalam gelas tembakan atau gelas seruling tinggi. Sebelum menuang ke dalam setiap gelas baru, kacau perlahan-lahan adunan untuk mengelakkannya daripada terpisah.

j) Letakkan dalam bekas kedap udara di dalam peti sejuk untuk ditetapkan sebelum menambah jeli champagne di atas. Lebih kurang 2-4 jam.

JELI WINE BERKELUARGA

k) Masukkan 2 sudu besar wain berkilauan dalam cawan, taburkan gelatin di atasnya untuk mekar.
l) Letakkan gula dan Prosecco dalam kuali kecil dan panaskan dengan api perlahan.
m) Setelah gula larut, masukkan gelatin yang telah mekar sambil dipukul. Jangan biarkan mendidih.
n) Setelah ia sejuk ke suhu bilik. Tuangkan di atas set panna cotta. Kacau adunan perlahan-lahan sebelum dituangkan ke dalam setiap gelas.
o) Setelah jeli set, sejurus sebelum dihidangkan, letakkan beberapa buah beri pilihan anda di atas perlahan-lahan. Isi selebihnya gelas dengan champagne. Putar gelas untuk membiarkan jus beri keluar. Kaca seruling kini akan mempunyai tiga lapisan warna yang berbeza.

88. Panna Cotta Pear Rebus Bourbon

Membuat: 4 Hidangan

BAHAN-BAHAN:
PANNA COTTA
- 1 paket gelatin tanpa rasa
- 3 sudu besar air sejuk
- 3 cawan krim berat
- Secubit garam
- 2 sudu besar sirap maple
- ½ cawan gula
- 1 sudu teh ekstrak vanila
- 8 oz. creme fraiche

PIR BOURBON RENDAH DAN GLAZE
- 3 biji pir kurang masak, dibuang biji dan dipotong empat
- 1 cawan air
- ¼ cawan madu
- Jus daripada 1/4 sebiji lemon
- secubit garam laut
- 1 cawan bourbon

ARAHAN
PANNA COTTA:
a) Tarik 4 cawan kastard, ramekin atau gelas bersaiz serupa. Letakkan ramekin dalam loyang 9 x 13 inci atau pada lembaran pembakar berbingkai dan ketepikan. Ini Menjadikan: meletakkannya di dalam peti sejuk lebih mudah.
b) Dalam hidangan kecil, campurkan gelatin dan air sejuk. Ketepikan untuk membiarkan gelatin "mekar" selama kira-kira 5 minit.
c) Sementara itu, tambah krim pekat, secubit garam, sirap maple, dan gula ke dalam periuk sederhana. Panaskan adunan sehingga mendidih. Keluarkan dari haba, kacau dalam vanila dan gelatin dan gaul sehingga larut sepenuhnya. Biarkan adunan sejuk 10minit.

d) Letakkan creme fraiche ke dalam mangkuk adunan yang besar. Pukul perlahan-lahan dalam adunan krim, sedikit demi sedikit, sehingga rata. Bahagikan adunan sama rata antara ramekin.

PIR REBUS BOURBON:

e) Letakkan pear, air, madu, jus lemon dan bourbon dalam kuali sos kecil. Bawa hingga mendidih dan masak dengan api perlahan sehingga pear lembut; kacau campuran sekali-sekala supaya tiada apa-apa yang melekat atau melecur ke bahagian bawah. Pear mungkin memerlukan antara 35-45 minit untuk merebus dengan betul. Untuk memeriksa pir anda, masukkan pencungkil gigi ke dalam pir, ia sepatutnya masuk dengan mudah.

f) Keluarkan dari haba dan biarkan campuran sejuk kira-kira 15 minit.

g) Periksa panna cotta anda untuk memastikan ia kukuh, jika tidak pir akan tenggelam ke dalamnya dan bukannya membuat lapisan. Jika adunan padat apabila disentuh, letakkan pir pada panna cotta yang telah disejukkan dalam bentuk kipas kemudian sendukkan baki cecair pemburu haram di atasnya, cukup sehingga pir masih kelihatan. Sejukkan selama 4 atau sehingga 24 jam. Nikmati!!

89. Boozy Eggnog Panna Cotta

Membuat: 6

BAHAN-BAHAN:
- 4 cawan eggnog lemak penuh yang dibeli di kedai
- ¼ cawan minuman keras
- 3 ½ sudu teh serbuk gelatin
- Biskut roti pendek, krim berganda dan buah pala

ARAHAN
a) Tuangkan eggnog ke dalam periuk, kemudian masukkan minuman keras dan kacau rata. Taburkan gelatin secara merata di bahagian atas dan biarkan selama 5 minit hingga kembang.
b) Panaskan dengan api perlahan, kacau sentiasa selama 2-3 minit sehingga gelatin larut. Jangan biarkan ia mendidih atau mendidih.
c) Tuangkan campuran ke dalam gelas yang elegan dan biarkan di dalam peti sejuk selama 4 jam.
d) Teratas dengan topping anda dan hidangkan

90. Baileys Panna Cotta

Membuat: 4 hidangan

BAHAN-BAHAN:
- 1 cawan susu penuh lemak
- 1 cawan krim berganda
- ½ cawan Baileys Irish Cream Liqueur
- ½ cawan gula kastor
- 1 sudu besar coklat parut untuk hiasan
- 1 sachet gelatin

ARAHAN
a) Tuangkan krim dan susu dalam set kuali dengan api sederhana dan biarkan ia mendidih.
b) Masukkan gula dan pukul dengan baik untuk melarutkannya, kemudian tuangkan Baileys dan pukul lagi.
c) Taburkan di atas gelatin, dan pukul dengan baik untuk larut sepenuhnya.
d) Bahagikan campuran antara 4 cawan hidangan, dan simpan dalam peti sejuk selama sekurang-kurangnya 6 jam, idealnya semalaman untuk ditetapkan.
e) Hiaskan dengan coklat parut - pilihan.

91. Panna Cotta Kelapa Dengan Rum Malibu

BAHAN-BAHAN:
- 400ml tin santan
- 1 ½ sudu teh serbuk gelatin
- 45 ml Liqueur Rum Malibu
- 2 sudu besar madu
- buah beri

ARAHAN
a) Panaskan separuh santan perlahan-lahan dalam kuali kecil sehingga panas, tetapi tidak mendidih.
b) Masukkan gelatin dan pukul bersama untuk larut.
c) Tanggalkan api.
d) Masukkan baki santan dan campurkan madu.
e) Biarkan adunan sejuk sedikit dan kemudian masukkan Liqueur Rum Malibu.
f) Tuangkan ke dalam ramekin atau gelas dan atas dengan beri.
g) Sejukkan sehingga set.

92. Pina Colada Panna Cotta dengan Limau Nipis dan Nanas

Membuat: 4

BAHAN-BAHAN:
UNTUK PANNA COTTA
- 400 g creme fraiche
- 150 ml santan
- 100 g gula
- 3 helai daun gelatin tidak berperisa

UNTUK SALSA NENAS
- 1 biji nanas masak
- 50 g gula
- 30 ml rum malibu
- 25 g serpihan kelapa bakar
- 1 biji limau nipis
- 1 sudu besar daun pudina

ARAHAN
UNTUK PANNA COTTA
a) Letakkan gelatin dalam mangkuk dengan air sejuk dan biarkan selama 5-10 minit untuk melembutkan.
b) Lembaran gelatin direndam dalam semangkuk air
c) Sementara itu dalam kuali sos sederhana satukan creme fraiche, santan dan gula dan biarkan mendidih dengan api sederhana.
d) Creme fraiche, santan dan gula dalam periuk dengan whisk di dalamnya
e) Keluarkan dari api dan kacau dalam gelatin yang telah ditoskan. Pukul rata untuk memastikan gelatin telah larut sepenuhnya. Tapis melalui ayak halus.
f) Gelatin toskan ditambah ke dalam campuran panna cotta hangat
g) Tuangkan campuran ke dalam 4 gelas hidangan individu dan letakkan di dalam peti sejuk selama sekurang-kurangnya 2 jam.
h) Campuran panna cotta dituangkan ke dalam gelas pencuci mulut untuk ditetapkan

UNTUK SALSA NENAS

i) Kupas nanas dan potong dadu sekata.
j) Memotong dan memotong buah nanas yang telah dikupas
k) Dalam kuali besar masukkan nanas, gula dan rum dan biarkan mendidih dengan api sederhana. Masak selama 2 minit dan ketepikan dalam mangkuk.
l) Gula ditambah kepada nanas yang dipotong dadu dalam kuali di atas api
m) Parut perahan 1 biji limau purut di atas nanas dan gaul rata. Biarkan sejuk pada suhu bilik dan kemudian selesaikan dengan menambah pudina yang dipotong menjadi jalur-jalur halus.
n) Parut kulit limau nipis pada dadu nanas yang telah dimasak
o) Setelah panna cotta set masukkan salsa nenas di atas
p) Menambah nanas di atas set panna cotta dalam gelas padang pasir
q) Hiaskan dengan kepingan kelapa bakar dan daun pudina untuk menghabiskannya.

93. Cognac Panna cotta

Membuat: 4 Hidangan

BAHAN-BAHAN:
- 2 cawan Krim
- 9 auns Gula
- 3 picit Gelatin
- 1 secubit biji vanila
- 8 sudu besar Air
- ½ cawan Cognac
- Lada

UNTUK KARAMEL:
a) Ambil 7 auns gula bersama air dalam kuali, masak perlahan-lahan hingga mendidih tidak seperti karamel berwarna coklat muda.
b) Sapukan karamel ke dalam bentuk.

PANNA COTTA:
c) Ambil gelatin dalam air sejuk. Campurkan Krim, gula dan kacang vanila, biarkan mendidih.
d) Rebus sekurang-kurangnya 5 minit dengan api perlahan.
e) Keluarkan vanila, masukkan Cognac dan gelatin. Gaul sebati. Sebarkan ke dalam bentuk yang disediakan.
f) Masukkan ke dalam bekas simpanan dan sejukkan pada suhu bilik sebelum disejukkan. Sekurang-kurangnya 2 jam.

94. Panna Cotta Kelapa dengan Blackberry, Thyme & Sloe Gin

Membuat: 6-8 hidangan

BAHAN-BAHAN:
UNTUK PANNA COTTA
- 3 cawan krim kelapa
- 1/2 cawan madu
- 1 sudu besar jus lemon
- 1/2 inci kacang vanila, belah
- 2 sudu besar air panas
- 1 sudu besar gelatin serbuk tanpa gula

UNTUK KOMPOT BLACKBERRY, THYME DAN SLOE GIN
- 1 cawan beri hitam
- 1 sudu besar jus lemon
- 1/4 sudu teh thyme cincang
- 2 sudu besar gula
- 1 sudu besar sloe gin
- 1 1/2 sudu teh tepung jagung

ARAHAN
UNTUK PANNA COTTA

a) Dalam balang besar dengan bahagian atas yang boleh ditutup, satukan krim kelapa, madu dan jus lemon dan kacau hingga sebati. Tutup balang dan biarkan selama 8 jam atau semalaman.

b) Keesokan harinya, panaskan campuran krim kelapa dengan kacang vanila di atas api sederhana, kacau kerap sehingga hangat. Matikan api.

c) Satukan air panas dengan gelatin dalam mangkuk kecil dan kacau sehingga gelatin telah larut. Masukkan ini ke krim kelapa yang telah dipanaskan, kacau rata.

d) Bahagikan kepada ramekin dan biarkan sejuk pada suhu bilik. Pindahkan ke peti sejuk supaya padat, sekurang-kurangnya beberapa jam.

UNTUK KOMPOT BLACKBERRY, THYME DAN SLOE GIN

e) Satukan beri hitam, lemon, thyme, dan gula bersama-sama dalam periuk kecil di atas api sederhana sederhana dan kacau sentiasa sehingga gula larut. Biarkan campuran mendidih sehingga buah beri lembut dan mula pecah, kira-kira 7 minit.
f) Sementara itu, satukan tepung jagung dan sloe gin dalam mangkuk kecil dan kacau sehingga tepung jagung larut. Apabila buah beri lembut, masukkan campuran sloe gin, kacau kerap, teruskan reneh dengan api perlahan selama beberapa minit sehingga sos telah pekat sedikit.
  a) Hidangkan suam atau suhu bilik di atas panna cotta!

95. Panna Cotta Kacang Vanila Peach dengan Krim Whipped Rum

Membuat: 4

BAHAN-BAHAN:
UNTUK LAPISAN PEACH PANNA COTTA
- 3 pic sederhana dicincang
- ¼ cawan + 3 sudu besar susu penuh
- ½ sudu besar gelatin kira-kira 1 pek dibahagikan kepada separuh
- ¾ cawan krim berat
- 2 sudu besar gula pasir
- sedikit garam

UNTUK LAPISAN PANNA COTTA KACANG VANILA
- 1 sudu kecil pes kacang vanila atau 1 pod kacang vanila dikikis
- ¼ cawan susu penuh
- ½ sudu besar gelatin
- ½ cawan krim berat
- 1 sudu besar gula perang
- 3 sudu besar gula pasir
- sedikit garam

KRIM SEBAT RUM
- ⅓ cawan krim berat
- 2-3 sudu besar rum putih tiada perisa tambahan

ARAHAN
UNTUK LAPISAN PEACH PANNA COTTA

a) Kisar pic cincang dalam pengisar sehingga konsisten seperti smoothie. Tapis melalui ayak halus dan buang mana-mana pulpa. Bahagikan ⅓ cawan dalam balang dan sejukkan di dalam peti sejuk sehingga sedia untuk dipasang. Perlu ada sekurang-kurangnya 300ml puri pic yang tinggal.

b) Dalam cawan penyukat kecil yang diisi dengan susu, kembangkan gelatin dengan menaburkan gelatin ke dalam susu. Jangan campur dan ketepikan selama 5 minit.

c) Dalam periuk sederhana, masukkan krim kental, gula dan garam ke dalam reneh. Kacau sekali-sekala sehingga gula larut. Jangan biarkan adunan mendidih. Setelah mendidih, keluarkan dari api dan pukul dalam adunan gelatin/susu sehingga gelatin larut sepenuhnya dan adunan sebati. Pukul dalam puri pic, kemudian bahagikan dan tuangkan ke dalam cawan hidangan. Tutup dan sejukkan selama sekurang-kurangnya 2 jam atau sehingga bahagian atas ditetapkan dan bergoyang sedikit.

d) untuk lapisan panna cotta kacang vanila
e) Kembangkan gelatin dan masak krim kental, gula perang, gula pasir, dan garam hingga mendidih. Setelah mendidih, angkat dari api dan masukkan adunan gelatin/susu dan kacang vanila.
f) Pastikan lapisan sebelumnya telah ditetapkan dengan menepuk perlahan bahagian atas atau goyangkan cawan hidangan untuk diperiksa. Setelah disemak, tuangkan lapisan kacang vanila di atas lapisan pic. Tutup dan sejukkan selama 3 jam lagi atau sehingga set sepenuhnya.

UNTUK KRIM SEBAT RUM

g) Dengan menggunakan pengadun tangan, pukul krim putar dan rum sehingga membentuk puncak sederhana.

UNTUK MEMASANG

h) Panaskan sedikit puri pic yang dikhaskan dengan merendam balang dalam mangkuk berisi air panas. Kacau puri sehingga ia menjadi konsisten tuang, kemudian tuangkan lapisan nipis di atas set panna cottas, tambahkan sebiji krim putar rum, dan hiaskan dengan hirisan pic.
i) Nikmati segera!

96. Panna Cotta Beri Infused Limau dengan beri & fizz

Membuat: 3

BAHAN-BAHAN:
- Panna Cotta yang diselitkan limau nipis
- 450 g krim {Amul, 20% lemak}
- 40 g gula
- Perahan 1/2 biji limau purut
- 2 sudu kecil gelatin
- 1 cawan beri
- 500 ml champagne
- 200 g campuran beri segar
- Beberapa tangkai bunga pudina segar yang boleh dimakan

ARAHAN
a) Panaskan krim 400g dengan gula sehingga gula cair. Masukkan perahan limau nipis dan curam selama kira-kira sejam.
b) Kembangkan gelatin dalam baki 50ml krim selama 5 minit, sehingga lembut.
c) Panaskan semula krim hingga mendidih, matikan api.
d) Masukkan gelatin yang telah kembang. Setelah sebati, tapis dan bahagikan antara gelas hidangan. Biarkan di dalam peti ais selama 4-5 jam.
e) Setelah set, letakkan panna cotta dengan beri segar & setangkai pudina setiap satu.
f) Tuangkan fizz dan hidangkan segera.

97. Earl Grey Panna Cotta

Membuat: 4 hidangan

BAHAN-BAHAN:
- 2 sudu teh Serbuk Gelatin
- 2 sudu besar Air
- 1 cawan Susu
- 1/4 cawan Gula Kastor
- 2 Uncang Teh Earl Grey
- 1 cawan Krim Pekat
- Sirap Teh Earl Grey

SIRAP TEH EARL GREY
- 1/3 cawan Air
- 1/3 cawan Gula Kastor
- 1 Uncang Teh Earl Grey
- 1 sudu teh Wiski *pilihan

ARAHAN:

a) Taburkan Serbuk Gelatine ke dalam Air dalam mangkuk kecil dan rendam selama 5-10 minit.

b) Panaskan Susu dan Gula dalam periuk dengan api sederhana, kacau dan biarkan mendidih. Keluarkan dari api.

c) Masukkan Gelatine yang telah direndam, gaul rata sehingga gelatin larut, kemudian panaskan sedikit adunan, tetapi jangan sampai mendidih. Masukkan Uncang Teh Earl Grey dan ketepikan sehingga sejuk. Campuran tidak akan pekat pada suhu bilik.

d) Picit uncang teh dan buang. Masukkan Krim dan gaul hingga sebati. Tuangkan adunan ke dalam gelas hidangan. Letakkannya di dalam peti sejuk dan biarkan untuk ditetapkan.

e) Untuk membuat Earl Grey Tea Syrup, letakkan Air dalam periuk kecil, masak sehingga mendidih, masukkan Gula, kacau, dan biarkan mendidih semula. Angkat dari api, masukkan Uncang Teh, dan ketepikan untuk menyejukkan. Buang Uncang Teh. Apabila cukup sejuk, biarkan di dalam peti sejuk untuk menyejukkan.

f) Hidangkan Panna Cotta dengan Sirap Teh Earl Grey. Anda boleh menambah sedikit Wiski ke dalam sirap jika anda suka.

98. Azuki Panna Cotta

Membuat: 4 hingga 6 hidangan

BAHAN-BAHAN:
- 2 sudu teh Serbuk Gelatin
- 2 sudu besar Air
- 1 cawan Susu
- 1-3 sudu besar Gula Kaster
- 1 sudu besar Rum
- 1 cawan Krim
- 2/3 cawan Pes Azuki Manis

ARAHAN:
a) Taburkan Serbuk Gelatine ke dalam Air dalam mangkuk kecil dan rendam selama 5-10 minit.
b) Letakkan Susu, Gula dan Rum dalam periuk, dan panaskan dengan api sederhana, kacau, dan biarkan mendidih. Keluarkan dari haba.
c) Masukkan Gelatin yang telah direndam, gaul rata sehingga gelatin larut. Tambah Krim dan Pes Azuki Manis, dan gaul hingga sebati.
d) Tuangkan adunan ke dalam gelas hidangan atau acuan jeli, letakkan kacang Azuki sama rata. Biarkan di dalam peti sejuk sehingga ditetapkan.

99. Rum Labu Panna Cotta

Membuat: 4 hidangan

BAHAN-BAHAN:
- 2 sudu teh Gelatin
- 2-3 sudu besar Air
- 1 cawan Susu
- 1/4 cawan Gula Kastor
- 1 sudu besar Rum
- 1 cawan Labu Masak yang telah ditulen, ditumbuk halus ATAU dikisar
- 1/2 cawan Krim
- Sirap Maple, Sirap Muscovado, Sos Karamel, dll.

ARAHAN:
a) Taburkan Serbuk Gelatine ke dalam Air dalam mangkuk kecil dan rendam selama 5-10 minit.
b) Letakkan Susu, Gula dan Rum dalam periuk, dan panaskan dengan api sederhana, kacau, dan biarkan mendidih. Keluarkan dari haba.
c) Masukkan Gelatin yang telah direndam, gaul rata sehingga gelatin larut. Masukkan Krim dan Labu yang ditumbuk halus, dan gaul hingga sebati.
d) Tuangkan adunan ke dalam gelas hidangan atau acuan jeli. Letakkannya di dalam peti sejuk dan biarkan untuk ditetapkan.
e) Hidangkan bersama Sirap Maple, Sirap Muscovado, ATAU sos pilihan anda.

100. Panna Cotta Bijan Hitam

Membuat: 4 hidangan

BAHAN-BAHAN:
- 2 cawan Susu & Krim
- 4 sudu besar Gula
- 3-4 sudu besar Bijan Hitam Panggang, dikisar
- 1 sudu besar Pati Jagung ATAU Pati Kentang
- 2 sudu teh (6 hingga 8g) Serbuk Gelatin
- 2 sudu besar Air
- 1-2 sudu teh Rum atau Brandy
- 1/2 sudu teh Ekstrak Vanila

ARAHAN:
a) Taburkan Serbuk Gelatin ke dalam Air dalam mangkuk kecil dan rendam.
b) Bakar 3 hingga 4 sudu besar Bijan Hitam menggunakan periuk selama beberapa minit atau sehingga naik bau. Letakkan Biji Bijan panggang dalam mortar Jepun, pengisar makanan atau pemproses makanan kecil dan kisar menjadi pes.
c) Masukkan Susu ke dalam Pes Bijan dan proses semula. Anda mungkin ingin menapis campuran untuk mengeluarkan badan.
d) Letakkan campuran Susu & Bijan, Krim, Gula dan Pati dalam periuk di atas api perlahan, kacau sehingga Gula larut dan adunan pekat. Keluarkan dari haba.
e) Masukkan Gelatin yang telah direndam dan gaul rata sehingga gelatin larut. Masukkan Rum atau Brandy dan Ekstrak Vanila, gaul rata. Ketepikan untuk menyejukkan sedikit.
f) Apabila adunan sudah cukup sejuk, tuangkan ke dalam gelas. Letakkannya di dalam peti sejuk dan biarkan untuk ditetapkan.
g) Jika anda ingin lebih rasa bijan, buat pes topping dengan mencampurkan Pes Bijan dan Gula Ais. Krim putar juga bagus untuk topping.
h) Versi tanpa gelatin: Tambah 1/2 cawan Black Chia Seeds dan bukannya Gelatine dan gaul rata. Tuangkan ke dalam gelas. Letakkannya di dalam peti sejuk dan biarkan untuk ditetapkan.

KESIMPULAN

Panna Cotta ialah pencuci mulut Itali terkenal yang dihidangkan di seluruh restoran dan hotel di Itali. Ia kini telah mendapat populariti di seluruh dunia dan merupakan pencuci mulut kegemaran ramai. Perkataan Panna Cotta diterjemahkan kepada 'krim masak'. Seperti yang dicadangkan oleh terjemahan, pencuci mulut terdiri daripada krim yang dimaniskan dan dipekatkan dengan gelatin. Campuran kemudiannya diletakkan dalam acuan dan dihidangkan sejuk pada keesokan harinya. Selalunya, krim berperisa dengan vanila, kopi, dan perisa lain.

www.ingramcontent.com/pod-product-compliance
Lightning Source LLC
Chambersburg PA
CBHW071307110526
44591CB00010B/817